Pe. VINÍCIUS PONCIANO, C.Ss.R.

RETIRO ESPIRITUAL
COM SANTO AFONSO MARIA DE LIGÓRIO

EDITORA
SANTUÁRIO

Dados Internacionais de Catalogação na Publicação (CIP) de acordo com ISBD

P795r Ponciano, Vinícius

Retiro espiritual com Santo Afonso Maria de Ligório / Vinícius Ponciano. - Aparecida : Editora Santuário, 2022.
96 p. ; 16cm x 23cm.

Inclui bibliografia e índice.
ISBN: 978-65-5527-238-3

1. Religião. 2. Cristianismo. 3. Retiro espiritual. 4. Santo Afonso Maria de Ligório. I. Título.

2022-2475 CDD 240
CDU 24

Elaborado por Vagner Rodolfo da Silva - CRB-8/9410

Índice para catálogo sistemático:
1. Religião : Cristianismo 240
2. Religião : Cristianismo 24

3ª impressão

Rua Pe. Claro Monteiro, 342 – 12570-045 – Aparecida-SP
Tel.: 12 3104-2000 – Televendas: 0800 - 0 16 00 04
www.editorasantuario.com.br
vendas@editorasantuario.com.br

Recolher-me-ei todo em Deus.
Já não rocem em mim
as línguas humanas
mais que sopros de vento.

Estou cansado das vozes
de quem me repreende
ou de quem,
mais que o devido,
me exalta.

Busco a solidão, um lugar inacessível
ao mal, onde, com mente indivisa,
procurar o meu Deus
e suavizar minha velhice
com a doce esperança do céu.

O que deixarei à Igreja?
Deixarei as minhas lágrimas!
Volto os pensamentos
à morada que não
conhece ocaso,
à minha querida Trindade,
única luz, da qual tão só
a sombra escura já me enternece.

(São Gregório Nazianzeno)

Apresentação

Estamos vivendo em tempos de liquidez. Nele, somos afetados por profundas mudanças. Mudanças essas, que, por sua vez, não podemos negar ou mesmo subestimar, estão em variados aspectos, obrigando-nos a despertar a autoconsciência, a compreensão e a responsabilidade individuais. Autonomia, liberdade e tempo. Essas são as medalhas mais cobiçadas pelos homens e pelas mulheres líquido-modernos. Para alcançá-las, nós estamos dispostos a tudo. Em uma sociedade onde se aspira, o tempo todo, à autonomia, à liberdade e ao tempo que é o que mais importa, propor um Retiro Espiritual Alfonsiano chega a ser um grande desafio.

No entanto, sem desconsiderar os aspectos acima mencionados, por meio desse Retiro Espiritual, desejo, à luz da espiritualidade de Santo Afonso Maria de Ligório (1696-1787), convidá-los, discípulos e discípulas do Redentor, que sentem a necessidade de se recolher em Retiro Espiritual. A sociedade líquido-moderna é fortemente marcada pelo desengajamento e pela desconstrução. Esses dois *modus operandi et vivendi*, ao logo do tempo, lamentavelmente, distanciam as pessoas, cada vez mais, de sua essência. As pessoas sentem necessidade de partilhar com alguém, não virtual, suas alegrias e angústias, seus avanços e retrocessos. As pessoas de nosso admirável mundo líquido-moderno estão buscando ajuda e querem ser ajudadas.

Em virtude de tudo o que foi acima mencionado tenho, como objetivo, o desejo de ajudar os discípulos e as discípulas do Redentor oferecendo-lhes um Retiro Espiritual de cinco dias. Ao longo deles, que será de recolhimento silencioso, teremos uma reflexão de abertura à noite e duas para os demais dias de retiro Espiritual. Uma primeira reflexão acontecerá na parte da manhã e uma segunda na parte da tarde. Durante esses dias de Retiro Espiritual, na companhia de Santo Afonso Maria de Ligório, vamos meditar sobre os seguintes temas que caracterizam ou pormenorizam a Espiritualidade Alfonsiana: Recolhimento, Encarnação, Eucaristia, Cruz e Maria. No final de cada reflexão, os retirantes encontrarão algumas citações bíblicas e algumas questões que podem, eventualmente, ajudá-los a aprofundar o tema que foi desenvolvido. À noite, após o jantar, concluiremos nosso dia de Retiro Espiritual Alfonsiano com uma prática devocional. Por fim, apresentarei, a título de sugestão, um cronograma para organizar e melhor aproveitar o Retiro Espiritual Alfonsiano.

A finalidade desse Retiro Espiritual Alfonsiano é conduzir os retirantes, à luz do Espírito Santo, do Evangelho e da Espiritualidade de Santo Afonso Maria de Ligório, para que eles sejam capazes de ouvir e meditar. Assim, renovados no Espírito, eles possam se comprometer com Jesus que se encontra encarnado nos homens e nas mulheres mais empobrecidos e abandonados (cf. Mt 25,35-45). A eficácia dessa *práxis* espiritual que nos dispomos a fazer exige dos retirantes silêncio, recolhimento e abertura de coração. Para um bom aproveitamento desse itinerário espiritual, é imprescindível que todos os retirantes se conscientizem de que sem uma firme vontade e decisão não se chega a lugar algum.

Dado o exposto, desejo que, nesse Retiro Espiritual Alfonsiano, sintamo-nos sob a proteção da Santíssima Virgem Maria, a Mãe do belo amor e nossa advogada, que no tribunal celeste fala, incansavelmente, em favor dos miseráveis pecadores. A misericórdia de Deus, graças a intercessão da Santíssima Virgem Maria, ultrapassa nossas iniquidades. Bom Retiro Espiritual para todos.

O autor

Recolhimento: A habilidade de entrar em si mesmo

Retiro Espiritual não é o momento para se fazer reciclagem teológica, litúrgica e psicológica. Retiro Espiritual é um tempo de recolhimento, é um tempo de silêncio para melhor se dedicar à reflexão, à leitura espiritual e à oração pessoal. Portanto o Retiro Espiritual é um tempo de graça. É um tempo favorável que o Senhor escolheu para nós. No Retiro Espiritual, o Senhor nos chama e nos fala ao coração. Se quisermos ser felizes, temos de obedecer a Deus e andar sempre por seus caminhos (cf. Jr 7,23).

Recolhimento, por sua vez, segundo a etimologia, deriva dos verbos *recolher* e *reunir* e significa concentração e aplicação de uma pessoa para melhor meditar ou orar. Quando recolhemos, em um determinado lugar, para meditar ou orar, naturalmente, afastamo-nos das atividades temporais, das coisas externas e, sobretudo, de nós mesmos para irmos ao encontro da paz e da serenidade, tão necessárias para o revigoramento de nossa vida e missão em um mundo fortemente marcado por tribulações, sofrimento e decepções. Portanto, o recolhimento, em qualquer tempo que for, é um elemento fundamental que muito enriquece nossa vida interior, é indispensável para os homens e as mulheres que querem escutar Deus (cf. 1Sm 3,4-10).

Marek Kotynski, redentorista polonês, ao dissertar acerca do recolhimento, divide-o em quatro momentos. A saber: 1. Origem; 2. Descrição; 3. Aplicação Pastoral; 4. Manifestações atuais.

A **origem** do recolhimento, a espiritualidade clássica, desde os Padres do deserto, *"compreendia o recolhimento como habilidade de entrar em si mesmo, para reencontrar a solidão interior, na qual a pessoa fica sozinha com Deus, libertando-se de todo o condicionamento exterior"*.[1] O recolhimento, enquanto *modus operandi*, ajuda-nos a reabastecer as potências espirituais. Ele também assenta os impulsos, os afetos, o jogo da fantasia *"com a finalidade de ajudar o retirante a entrar em comunhão íntima e pessoal com ele e nele reencontrar a unidade perdida"*[2], diz o redentorista Marek Kotynski.

Alguns autores espirituais asseveram acerca dos efeitos colaterais do recolhimento sobre as pessoas. O recolhimento, quando bem feito, ajuda no resgate da integridade da pessoa, harmonizando seus sentidos e colaborando eficazmente com seu equilíbrio físico e espiritual. O recolhimento nos faz buscar as virtudes e nos ajuda a entrar em comunhão com Deus. Marek Kotynski informa-nos que *"Santa Teresa d'Ávila chama a oração de recolhimento porque a alma recolhe suas potências e se retira em si mesma com seu Deus"*.[3] Santo Afonso Maria de Ligório, como homem contemplativo, comunga do pensamento de sua Mestra espiritual: Santa Teresa d'Ávila. No entanto, ele como missionário, embora tenha escrito várias obras ascéticas, nas palavras de Marek Kotynski, *"não evidencia o aspecto místico do recolhimento, mas prefere ressaltar sua importância para a vida espiritual ordinária, fundada sobre o amor gratuito de Deus e desenvolvida mediante a prática da uniformidade com a vontade de Deus"*.[4]

No que diz respeito à ***descrição*** do recolhimento, Santo Afonso Maria de Ligório nos deixa a compreensão e a certeza de que o recolhimento é um *modus operandi et vivendi* que leva a pessoa a conformar sua vida e vontade pessoais com a vida e a vontade de Deus (cf. Jo 6,37-40). O recolhimento, de um lado, faz-nos abrir mão de tudo. E, do outro lado, não podia ser diferente, aproxima-nos inteiramente de Deus. Quando estamos em recolhimento, nós temos mais condições para escolher um bem maior. Bem este, evidentemente, que nos ajudará a nos conformar com Deus. Quando fazemos a vontade de Deus, pelo viés da caridade apostólica, imitamos a pessoa amorosa de Jesus. Lembra-nos o Apóstolo São Paulo que: "A caridade é o vínculo de perfeição" (Cl 3,14). Assim escreve Santo Afonso Maria de Ligório: "Se portanto queremos agradar plenamente ao coração de Deus, procuremos em tudo conformar-nos à sua divina vontade; e não só nos conformar, mas uniformar-nos a quanto Deus dispões".[5] O recolhimento, por sua vez, ao restaurar nossa conformidade com a vontade de Deus, ajuda-nos a fazer tudo aquilo que Deus quer (cf. Mt 9,13). Todas as nossas boas obras, orações, meditações e todos os nossos desejos devem nos ajudar a fazer, tão somente, a vontade de Deus.

Quanto à ***aplicação pastoral*** do recolhimento é importante levar em consideração que, nas palavras de Marek Kotynski, "o recolhimento não é um fim em si mesmo, mas visa redescobrir a presença de Deus no 'fundo' da alma, para pôr-se em escuta interior (...)".[6] Devemos orar incessantemente em favor de todos os homens. Assim diz o Apóstolo São Paulo: "Antes de tudo, recomendo que façam pedidos, orações, súplicas e ações de graças em favor de todos os homens, pelos reis e por todos os que têm autoridade, a fim de que levemos uma vida calma e serena, com toda piedade e dignidade" (1Tm 2,1-2). Continua nos dizendo o Apóstolo São Paulo: "Quero, portanto, que os homens orem em todo lugar, erguendo mãos limpas, sem ira e sem discussões" (1Tm 2,8). A oração contribui com a redenção de todos. Sua força é transformadora, preciosa e muito útil para a redenção do mundo líquido-moderno em que vivemos. À luz do recolhimento, cada um é chamado, pelo próprio Deus, para reentrar em si, no profundo do próprio eu para poder discernir melhor entre o bem e o mal.

Por fim, e não menos importante, no recolhimento, no que diz respeito às ***manifestações atuais***, é importante que o retirante, à luz do Espírito Santo, invista em sua vida interior, a fim de aprimorar suas motivações, seus desejos, pensamentos, a própria vontade e todas as demais capacidades existentes. Tudo deve estar em íntima comunhão com o Redentor. A meditação cotidiana nos orienta como fazer nossas atividades e ações diárias. O recolhimento, como o Mestre nos ensina, é como celebrar a Eucaristia, como aproveitar melhor a recitação da Liturgia das Horas, a reza do terço, a leitura da Sagrada Escritura e os textos espirituais. É nele que saberemos discernir e seguir a vontade do Senhor, que nos chama (cf. Lc 6,12-19). Recolhimento não é um tempo vazio. Ao contrário, ele é cheio de Deus em que eu me permito ser remodelado pelo Cristo, que, passo a passo, conduz-me ao amadurecimento da fé. O recolhimento, sempre à luz do Espírito Santo, desenvolve no interior do retirante uma particular sensibilidade para atender, aqui e agora, as *"necessidades dos pobres e dos espiritualmente marginalizados"*.[7] Em vista dos argumentos apresentados acerca do recolhimento, é imprescindível que nos conscientizemos de que este é um exercício que se aprende fazendo. E, evidentemente, a melhor maneira de aproveitá-lo é pela prática do silêncio interior e exterior (cf. 1Rs 19,10-15). Assim sendo, desejo a todos os retirantes um bom e profundo recolhimento.

Leituras bíblicas e questões para nos ajudar a orar

1Rs 19,10-15; Mc 6,45-56; Lc 6,12-19; Lc 22,39-46.

1) O que você tem feito para encontrar e manter seu silêncio interior?
2) Na atualidade fluida, fortemente regida pela ditadura do barulho, é possível silenciar-se para fazer uma experiência íntima com o Senhor?
3) Quais são suas dificuldades para construir uma relação pessoal com Cristo dentro de você?
4) Como que você tem conseguido discernir a vontade de Deus para você em um mundo tão agitado onde as pessoas estão o tempo todo ocupadas e correndo sem parar?
5) Qual é a qualidade de sua convivência com Deus, consigo mesmo e com os outros?

[1] KOTYNSKI, Marek, C.Ss.R. Recolhimento. In: WALES, Sean, C.Ss.R; BILLY, Dennis, C.Ss.R. Dicionário de Espiritualidade Redentorista. 1ª ed. Tradução, José Raimundo Vidigal. Goiânia: Scala Editora, 2012, p. 240.

[2] Ibidem, p. 240.

[3] TERESA D'ÁVILA, Santa. Apud KOTYNSKI, MareK, C.Ss.R. Recolhimento. In: WALES, Sean, C.Ss.R; BILLY, Dennis, C.Ss.R. Dicionário de Espiritualidade Redentorista. 1ª ed. Tradução, José Raimundo Vidigal. Goiânia: Scala Editora, 2012, p. 240.

[4] KOTYNSKI, Marek, C.Ss.R. Recolhimento. In: WALES, Sean, C.Ss.R; BILLY, Dennis, C.Ss.R. Dicionário de Espiritualidade Redentorista. 1ª ed. Tradução, José Raimundo Vidigal. Goiânia: Scala Editora, 2012, p. 240.

[5] LIGÓRIO, Santo Afonso Maria de. Apud KOTYNSKI, MareK, C.Ss.R. Recolhimento. In: WALES, Sean, C.Ss.R; BILLY, Dennis, C.Ss.R. Dicionário de Espiritualidade Redentorista. 1ª ed. Tradução, José Raimundo Vidigal. Goiânia: Scala Editora, 2012, p. 241.

[6] KOTYNSKI, Marek, C.Ss.R. Recolhimento. In: WALES, Sean, C.Ss.R; BILLY, Dennis, C.Ss.R. Dicionário de Espiritualidade Redentorista. 1ª ed. Tradução, José Raimundo Vidigal. Goiânia: Scala Editora, 2012, p. 241.

[7] KOTYNSKI, Marek, C.Ss.R. Recolhimento. In: WALES, Sean, C.Ss.R; BILLY, Dennis, C.Ss.R. Dicionário de Espiritualidade Redentorista. 1ª ed. Tradução, José Raimundo Vidigal. Goiânia: Scala Editora, 2012, p. 242.

A Encarnação do Verbo de Deus

Após termos meditado acerca da magnitude do recolhimento, vamos meditar, nesse nosso momento espiritual, sobre a Encarnação do Verbo de Deus – *Presépio*. A Encarnação do Verbo de Deus é um dos pontos fundamentais da espiritualidade afonsiana.

Dito isso, assevero-lhes que a Encarnação, manifestação do amor do Deus Trino, traz-nos a certeza do amor incondicional de Deus pela humanidade. Assim nos diz o evangelista São João: *"Deus amou tanto o mundo que lhe deu seu Filho único"* (Jo 3,16). Nessa mesma linha de pensamento, os Prefácios I, II e III do Natal do Senhor nos dizem que:

> *"No mistério da encarnação de vosso Filho, nova luz de vossa glória brilhou para nós. E, reconhecendo a Jesus como Deus visível a nossos olhos, aprendemos a amar nele a divindade que não vemos."* (Prefácio do Natal do Senhor, I)
>
> *"Ele, no mistério do Natal que celebramos, invisível em sua divindade, tornou-se visível em nossa carne. Gerado antes dos tempos, entrou na história da humanidade para erguer o mundo decaído. Restaurando a integridade do universo, introduziu no Reino dos Céus o homem redimido."* (Prefácio do Natal do Senhor, II)
>
> *"Por ele, realiza-se hoje o maravilhoso encontro que nos dá vida nova em plenitude. No momento em que vosso Filho assume nossa fraqueza, a natureza humana recebe uma incomparável dignidade: ao tornar-se ele um de nós, nós nos tornamos eternos."* (Prefácio do Natal do Senhor, III)

Na Encarnação do Verbo de Deus – *Presépio* –, visualizamos o Amor, afetivo e efetivo, de Deus pela humanidade. O Amor de Deus por nós – seria imprudente de nossa parte negar – é eterno: *"Amo-te com um amor eterno; por isso conservei meu amor por você"* (cf. Jr 31,3). Para Santo Afonso, Deus está a todo o tempo declarando seu Amor por nós dizendo assim: *"Olhe, fui eu o primeiro a amar você. Você não estava ainda no mundo. O mundo nem existia, e eu já o amava. Eu amo você desde que sou Deus. Amo você, e desde que amei a mim mesmo, amei também você"!*[1] O Amor de Deus por nós é um Amor tão exagerado que ele nos deu seu Filho único: *"Deus amou tanto o mundo que lhe deu seu Filho único"* (Jo 3,16). A Mística ou a Espiritualidade Afonsiana nos traz a certeza de que o Amor é o centro dinâmico de toda a Revelação. E vos digo mais: o Amor de Deus por nós é gratuito: *"O Amor consiste no seguinte: não fomos nós que amamos a Deus, mas foi Ele que nos amou e nos enviou seu Filho..."* (1Jo 4,10).

O Amor de Deus pela humanidade, à luz da Encarnação do Verbo de Deus, evidentemente, não é um amor platônico, e menos ainda, uma declaração sentimental. Ao contrário, o Presépio, Encarnação do Verbo de Deus, é uma *práxis*, um *modus operandi* que nos ensina a amar. A Encarnação do Verbo de Deus é o modo que Deus escolheu para nos doar seu único Filho: Jesus, nosso Redentor. Deus, nas palavras de Santo Afonso, *"criou tudo para o homem e quer que este o ame em agradecimento por tantos dons recebidos"*.[2] Deus não se contentou em dar-nos apenas o céu, as estrelas, a terra e tantas outras coisas. Para cativar todo o nosso amor, nas palavras de Santo Afonso, *"Deus deu-se a nós em todo o seu ser. Deus Pai chegou ao extremo de nos dar seu próprio Filho: 'Deus amou de tal modo o mundo que lhe deu seu único Filho'"* (Jo 3,16).[3] Em Jesus, o Amor invisível de Deus por nós tornou-se visível em nossa carne. Portanto seria imprudente de nossa parte negar que Jesus é a irradiação viva e humana do Amor do Pai por todos nós (cf. Ef 2,4-5; Rm 8,32).

Somos concordes que na Criação Deus fez o homem a sua imagem (cf. Gn 1,26-28) e na Encarnação ele se fez nossa imagem (cf. Lc 2.1-7). Tudo isso, por Amor. Um Amor dinâmico, afetivo e efetivo, e tão gratuito que chega a ser exagerado. Jesus, o Filho de Deus, pelo Amor que nos tem, recorda-nos Santo Afonso, *"fez-se homem, vestiu-se de carne, como nós"*[4] e, por sua vez, apresentou-se para nós como um Deus aniquilado que, segundo o Apóstolo São Paulo, *"esvaziou-se a si mesmo e assumiu a condição de servo tomando a semelhança humana"* (Fl 2,7). Jesus, a segunda pessoa da Santíssima Trindade, o Deus feito Homem, ao se fazer carne (cf. Jo 1,14), fê-lo por Amor. Diante dos fatos, assevera-nos Santo Afonso que Jesus assim quis fazer *"para nos remir da morte eterna e nos ajudar a recuperar a graça divina e o paraíso perdido* (cf. Gn 3,23-24)".[5]

Dessa forma, a Encarnação do Verbo de Deus é um acontecimento abrasador em que podemos experimentar o amor, a justiça e, sobretudo, a misericórdia. Na Encarnação do Verbo, é o próprio Deus que se revela em Jesus como Amor-Misericórdia. Jesus, ao se encarnar, isto é, ao se tornar pessoa, assumiu para si mesmo a natureza de todo o homem. Por isso a Encarnação nos dá a certeza da salvação. Em Jesus, o Deus encarnado e aniquilado, estamos todos salvos. O Amor de Deus por nós torna-se prática nos atos ferventes de amor de Jesus. O Verbo de Deus Encarnado, Jesus, assumiu a forma humana para demonstrar seu Amor por nós: *"O Filho de Deus, pelo amor que nos tem, deu-se também a nós: amou-nos e se entregou a si mesmo por nós"* (Gl 2,20). Jesus, por meio de sua experiência de *Kénosis – aniquilamento de si* –, comunicou-nos e continua nos comunicando seu Amor, gratuito e incondicional, por nós.

Na perspectiva da Mística ou Espiritualidade Alfonsiana, a Encarnação do Verbo de Deus – *Presépio* – é uma das provas irrefutáveis do Amor de Deus por nós. Na Encarnação do Verbo de Deus, nós, não podemos negar, deparamo-nos com o Amor. Não com qualquer tipo de Amor, evidentemente, mas com o Amor vivido, sem medida, até as últimas consequências: *"O Filho de Deus, pelo amor que nos tem, deu-se também todo a nós: amou-nos e se entregou a si mesmo por nós"* (Gl 2,20). A mística ou a espiritualidade da Encarnação do Verbo de Deus nos ensina sobre a necessidade de desenvolvermos um diálogo sem presunção. O Deus invisível, pelo Mistério da Encarnação, tornou-se visível vestindo-se de carne humana. Nas palavras de José María Lorca, *"Deus tornou-se homem, não com a intenção política de exaltar-se a si mesmo, mas com a finalidade exclusiva de elevar-nos, ainda que à custa de sua humilhação"*.[6]

Na Encarnação do Verbo de Deus, experimentamos a grandeza da benignidade de Deus e desfrutamos de sua amizade e companhia. A Encarnação do Verbo de Deus – *Presépio* – revela-nos a imagem de um Deus cheio de contrastes: o divino se torna humano, o grande se torna pequeno, o livre se torna escravo, o forte se torna frágil e o excelso se humilha. E tudo isso para quê? Para nos salvar! O Verbo Eterno tomou a condição humana para nos salvar: *"Deus enviou seu Filho... para resgatar os que estavam sob a Lei"* (Gl 4,4-5). No peito de Deus Pai, Jesus era imenso, onipotente e onisciente. Mas, no seio da Santíssima Virgem Maria Jesus, por Amor a nós, tornou-se uma criatura pequena, dependente e frágil. Jesus, o Filho de Deus, no ventre de Maria, a Mãe amabilíssima, segundo o Apóstolo São Paulo, *"esvaziou-se a si mesmo, assumindo a condição humana de servo e tornando-se semelhante aos homens. Assim, apresentando-se como homem, humilhou-se a si mesmo, tornando-se obediente até a morte, e morte de cruz"!* (Fl 2,7-8). Jesus, nosso Redentor, vestiu-se de carne para nos garantir a vida plena: *"Eu vim para que tenham a vida"* (Jo 10,10).

Jesus é o médico que veio para curar nossas enfermidades físicas e espirituais. Veio até nós para pôr em prática sua piedade. Nasceu de forma humilhante para nos ajudar a vencer o impulso da soberba e abraçou a pobreza para nos libertar das garras da cobiça. A Encarnação do Verbo de Deus – *Presépio* – é uma escola onde aprendemos coisas maravilhosas a respeito do amor generoso, forte, obediente, puro, embriagador, esperançoso e oblativo. Jesus, nosso Redentor, é o azeite derramado (cf. Ct 1,2). Igualmente, é luz e remédio. Ele nos salva do perigo. Por isso nós o chamamos de Messias Deus Forte (cf. Is 9,6). O santíssimo nome de Jesus salva (cf At 4,12). Sobre o poder salvífico de Jesus, diz o Apóstolo São Paulo: *"Todo aquele que invocar o nome do Senhor será salvo"* (Rm 10,13). Diante dos fatos elencados, é imprescindível que nos conscientizemos de que Jesus não quer estar em nossos anéis e em nossas correntes, que usamos como ornamentos. Também não quer estar tatuado nas mais variadas partes de nosso corpo ou enfeitando uma linda sala de jantar. Jesus tornou-se gente como a gente para se abrigar em nosso coração. O Redentor nasceu para nos salvar. Portanto, quando você se sentir triste, invoque-o. Quando você estiver sendo arrastado pela rede da maldade e da mentira, peça a ajuda de Jesus. Sente-se apático na fé? Converse com Jesus no silêncio de seu coração, e ele vai devolver a você o fervor perdido. Seja lá qual for sua dor, decepção e angústia, nunca deixe de pronunciar o Santíssimo nome de Jesus.

Santo Afonso, à luz da mística ou espiritualidade da Encarnação do Verbo de Deus, foi se deixando ser, cada vez mais, seduzido pela experiência de Deus no amor ao Verbo encarnado. Sentiu e viu Jesus como a expressão viva de um Amor infinito, que, por sua vez, chega a ser tão exagerado ao ponto de fazer com que Deus assumisse a forma humana para nos demonstrar, escancaradamente, seu Amor por nós. Essa *práxis* de Amor de Deus por nós, visualizada na cena da Encarnação do Verbo de Deus – *Presépio* –, deixou

Santo Afonso extasiado. A Encarnação do Verbo de Deus, sem dúvida, é Amor e Misericórdia. Santo Afonso, enredado e seduzido pela *Kenosis* de Jesus, foi intensificando sua opção preferencial pelos mais pobres e abandonados. A exemplo de Jesus, ele se aniquilou executando um êxodo, sem retorno, para o lado dos mais pobres e abandonados.

Santo Afonso se deixou estar, completamente, apaixonado e seduzido pelo Deus aniquilado, que *"se esvaziou a si mesmo e assumiu a condição de servo tomando a semelhança humana" (Fl 2,7)*. À luz da Encarnação do Verbo de Deus – *Presépio* –, disse-nos: *"O Senhor do mundo humilhou-se até tomar a forma de servo. Sujeitou-se a todas as misérias de que os homens padecem"*.[7] Para ele, há três símbolos kenóticos que confirmam o Amor de Deus por nós: Presépio, Cruz e Eucaristia. Nesses três acontecimentos, visualizamos a prática do Amor de Deus e de seu Filho por nós. Nessas três práticas de Amor, é possível perceber a loucura do Amor de Deus em busca da atenção e do amor do homem. Presépio, Cruz, Eucaristia são as vias pelas quais o Deus apaixonado entra em comunhão de Amor com as pessoas.

Essas práticas *kenóticas* do Amor de Deus por nós, vivenciadas por Jesus, deixaram Santo Afonso estupefato. Ao perceber o Amor de Deus por ele, quase explodiu de tanta alegria. Daí sua preocupação real em fazer de tudo para merecer o Amor de Deus por ele. Tomado por um afeto sem medida, disse: *"Tu desces das estrelas, ó Rei do Céu, e vens a uma gruta fria e gelada: ah, meu divino Menino, eu te vejo tremendo; ó Deus santo, quanto te custou ter-me amado!... O amor te fez tão pobre... Até onde te levou o amor? Por que sofrer tanto? Por amor de mim"!*[8]

Asseverou-nos, uma vez mais, Santo Afonso que *"o Verbo eterno desceu sobre a terra para salvar o homem. De onde desceu? Ele desce do seio de Deus, seu Pai, gerado desde toda a eternidade, mora em meio ao esplendor dos santos. E para onde desce ele? Desce no seio de uma Virgem, filha de Adão; seio de uma simples criatura, que, em comparação com o seio de Deus, não passa de um horror, conforme a expressão da santa Igreja. O Verbo divino no seio do pai é Deus como seu pai, é imenso, todo-poderoso, infinitamente feliz, soberano Senhor do universo, em tudo igual ao Pai; mas, no seio de Maria, é criatura, é pequeno, é fraco, é aflito, é servido, é inferior ao Pai"*.[9]

Santo Afonso percebeu que a vida corriqueira de Jesus, em Nazaré, era um palco onde atuava, diariamente, o Amor de Deus. Foi na casa pobre de Nazaré que o Filho de Deus, graças a Santíssima Virgem Maria, aprendeu cada detalhe da experiência de uma vida, genuinamente, humana. Ainda, segundo Santo Afonso, foi *"na casa (de Nazaré) que o Verbo encarnado passou o resto de sua infância e toda a sua juventude... Que espetáculo tocante ver o Filho de Deus vivendo como um servidor nesta pobre morada. Sai para pegar água, abre ou fecha o negócio, varre a casa, junta os pedaços de madeira para fazer fogo, cansa-se ajudando José em seu trabalho. Ah, prodígio! Um Deus varrendo, um Deus que trabalha como simples operário! Tal pensamento deveria nos consumir de amor para com tal Redentor, que reduziu a esse estado de humilhação para se fazer amar por nós".*[10]

Santo Afonso ficava encantado com o Cristo histórico. Ele compreendia que todos os gestos, realizados no cotidiano da vida em Nazaré por Jesus, eram práticas de Amor, que podem nos redimir. A Encarnação do Verbo de Deus é para Santo Afonso um *modus operandi et vivendi* de Deus para penetrar no mais íntimo da realidade da existência humana. Na pequena criança de Nazaré, lembra-nos o redentorista padre José Ulysses da Silva, *"a Redenção é abundante e está acontecendo desde o primeiro instante: o Sim de Deus encontra-se com o Sim do homem: 'O Verbo se fez carne'* (Jo 1,14)".[11] A Encarnação do Verbo de Deus é o aniquilamento da divindade de Jesus. No Presépio, Jesus se torna pessoa. Assim sendo, ele necessita de nossa atenção e de nosso carinho humano. Em tudo, Jesus tornou-se impotente, exceto na prática de seu Amor por nós. Jesus é nosso Santíssimo Redentor desde sua concepção no ventre da menina Maria de Nazaré.

Santo Afonso, ao longo de sua vida e missão, foi saciando sua fome e sede do Deus Amor (cf. 1Jo 4,4-8) bem junto de Presépio. À luz do Mistério da Encarnação de Deus, foi percebendo Jesus como um projeto salvífico. Seus gestos, suas atitudes e palavras estavam interligados como parte integrante da *Copiosa Apud Eum Redemptio.* À luz da Encarnação do Verbo de Deus, segundo o padre José Ulysses da Silva, o objetivo único de Cristo é: *"Que o homem se deixe tocar pelo amor libertador de Jesus e dê a Ele uma resposta também de amor".*[12] Em Santo Afonso, na Encarnação do Verbo de Deus – *Presépio* –, já se encontra, de forma implícita, sua Paixão, Morte e Ressurreição. Para Santo Afonso, por exemplo, segundo Giovanni Velocci, *"Jesus em faixas, Jesus que mama, Jesus sobre a palha, Jesus que dorme, que chora, que fica só, cada gesto, cada detalhe é uma espécie de mistério, um sacramental. Ou seja: as faixas são o símbolo das cordas com que Jesus será amarrado um dia; a palha e a manjedoura a sua vida dura, feita de dificuldades e de sacrifícios; o leite lembra o alimento que se tornará o pão da eucaristia; o choro aplaca o Pai do céu e revela a sua amargura pelos pecados do mundo e pela ingratidão dos homens".*[13]

Graças à oblação que Jesus faz ao Pai, a Redenção chega até nós. Assim disse Santo Afonso: *"Esta oblação realizou-se no momento da Encarnação, quando se ofereceu voluntariamente para expiar os pecados dos homens (...). E esta oferta que nosso divino Salvador fez então de si mesmo não se limitou a esse momento, que não fez senão começar e para depois continuar sempre e durar eternamente".*[14]

Quando Maria apresenta seu Filho no Templo (cf. Lc 2,21-40), na compreensão de Santo Afonso, *"faz a oblação de seu divino Filho, em nome de todo o gênero humano (...). E esta oferta une-se à do próprio Jesus: 'Eis aqui, diz o divino Menino, eis-me aqui, ó Pai! Eu vos consagro toda a minha vida; vós me enviastes ao mundo para o salvar pelo meu sangue e por todo o meu ser; eu me ofereço inteiramente a vós pela salvação do mundo'. Nenhum sacrifício foi jamais tão agradável do que o sacrifício que então lhe fez seu Filho querido, que se tornou desde sua infância sacerdote e vítima por nós".*[15]

Ainda, segundo Santo Afonso, há uma relação íntima entre a Encarnação e a Paixão de Jesus. Em ambas as práticas, deparamo-nos, seria impudente de nossa parte negar, com o Amor incondicional de Deus por nós. Tanto na Encarnação do Verbo como na Paixão, vemos a intensidade do Amor de Jesus e sua humilhação. Ao fazer isso, ele se torna a luz do mundo e glorifica a Deus. Sendo Jesus o cordeiro de Deus, ele coloca sobre seus ombros todas as nossas iniquidades. Desde o seio de sua Mãe, lembra-nos o padre José Ulysses da Silva, Jesus é *"homem das dores, porque ele assumiu, e continua assumindo, o pecado do mundo".*[16] Informa-nos ainda o padre José Ulysses da Silva *"que Deus quis que Jesus começasse sua paixão desde a concepção, para nos dar a vida divina".*[17] Nas palavras de Santo Afonso, *"Jesus é ferido como homem, enquanto tomou sobre si o peso de se sacrificar pelos pecadores; e já desde criança quer começar a se entregar pelos seus delitos com o seu sofrimento e derramando sangue".*[18]

O Filho abençoado de Deus na Encarnação do Verbo se tornou um Deus dependente e frágil. E na Cruz, que se encontrava sobre o *Gólgota – Lugar da Caveira* (cf. Jo 19,17-18), o Filho de Deus tornou-se uma vergonha pública. Portanto, segundo o padre José Ulysses da Silva, para Santo Afonso, *"a festa do Natal é uma festa de redenção, e não apenas a comemoração do nascimento daquele que se tornaria nosso Redentor"*.[19] Informa-nos o padre José Ulysses da Silva, uma vez mais, que *"Santo Afonso, em sua primeira Novena de Natal, afirma que Jesus se ofereceu desde o princípio por nossa salvação e que Jesus se fez criança para conquistar nossa confiança e nosso amor. Qual teria sido a maior dor de Jesus? Sua maior dor teria sido, certamente, e continua sendo, a indiferença dos homens. A Ingratidão dos homens e sua recusa do Deus Amor Encarnado parecem constituir para Santo Afonso a raiz de todo o pecado"*.[20]

Disse-nos Santo Afonso que *"o Filho de Deus fez-se pequeno para nos tornar grandes, ele deu-se a nós, a fim de que nós nos déssemos a ele"*.[21] Jesus, ao se rebaixar, elevou nossa condição humana, tão descaracterizada pela ingratidão e pelo pecado. O rebaixamento divino é uma prática de Amor de Deus. É o *modus operandi* que Deus escolheu para se declarar seu Amor incondicional pelos homens. Em Jesus somos elevados além de nossa dignidade humana. Segundo o padre José Ulysses da Silva, *"o Verbo eterno de grande faz-se pequeno, de Senhor torna-se escravo, de inocente transforma-se em réu, para que o homem volte a recuperar sua dignidade perdida, seja liberto da escravidão do pecado e deixe de ser réu, recebendo a remissão de todo o mal praticado"*.[22]

Na Encarnação do Verbo de Deus – *Presépio* –, o forte torna-se fraco, desiste de si mesmo, o feliz torna-se aflito e o rico torna-se miserável. Na Encarnação do Verbo de Deus, o sublime se humilha para nos libertar do orgulho, da autossuficiência e dos desejos narcísicos. A Encarnação do Verbo de Deus nos comunica, explicitamente, que a verdadeira riqueza encontra-se onde a traça não corrói nem o ladrão rouba (cf. Mt 6,19-21), isto é, dentro de nosso coração e não, evidentemente, nos bens materiais que vamos adquirindo, às vezes, compulsivamente, ao longo de nossos dias. Assevera-nos o padre José Ulysses da Silva que *"um Deus, que se basta a si próprio, quis nascer pobre por causa de nós e para depender de nós"*.[23] Santo Afonso, não raramente, ficava profundamente atingido, sensibilizado pelo *modus operandi et vivendi* de Deus.

Assim, dizia Santo Afonso todas as vezes em que ele visitava o Jesus, o Deus, que se fez Menino, no Presépio: *"Jesus é todo meu; meu é seu corpo e seu sangue, minhas são suas dores e seus merecimentos, minha é sua vida e minha é sua morte"*.[24] Ele intuiu, em seu tempo, que, no mistério da Encarnação do Verbo de Deus – *Presépio* –, somos instruídos pela teologia da solidariedade. Esta, por sua vez, sendo ontológica, isto é, preocupada sempre com a origem ou a natureza do ser, assevera que a Encarnação do Verbo de Deus é uma prática de Amor de Jesus por nós. Na Encarnação do Verbo de Deus, vemos o esforço divino, incondicional, de fazer, segundo o padre José Ulysses da Silva, *"com que os homens se deixem amar por Deus e lhe deem uma resposta de amor"*.[25] Na Encarnação, Deus se faz um com os homens para garantir a eles a Redenção.

A Espiritualidade Redentorista, sempre em sintonia com o Jesus histórico, ensina-nos que a Encarnação do Verbo de Deus – *Presépio* – não é uma alegoria. Jesus, o Santíssimo Redentor dos homens, encarnou-se, verdadeiramente, no seio da Santíssima Virgem Maria (cf. Lc 1,26-38). Um anjo do Senhor disse aos pastores: *"Não tenham medo! Eu anuncio para vocês a Boa Notícia, que será uma grande alegria para todo o povo: hoje nasceu para vocês um Salvador, que é o Messias, o Senhor"* (Lc 2,10-11). Ainda, segundo os ensinamentos da Espiritualidade Redentorista, sempre à luz do *modus operandi et vivendi* do Jesus histórico, afirma que qualquer experiência espiritual que rejeita o Jesus histórico é um engodo sem medidas, uma grande ilusão. Ao se tornar pessoa no meio de nós, Jesus assume para si as dimensões humana, histórica e espiritual do homem.

A chave de leitura, para melhor compreender a *Copiosa Apud Eum Redemptio,* visualizada no nascimento, na paixão, morte e ressurreição de Jesus, é o Amor. Sim! O Amor de Jesus e o Amor a Jesus, que se encontra, na atualidade fluida, encarnado em nossos irmãos e nossas irmãs mais empobrecidos e marginalizados (cf. Mt 25,31-46). O Amor de Jesus é tudo para Santo Afonso. Como não podemos amar alguém que se aniquila e se sacrifica para o benefício de todos? Jesus, intimamente comprometido com a *"díade amor-compaixão é isento de individualismo e de egoísmo. Assim sendo, ele abdicou do 'eu para mim' em prol do 'eu para os outros', para a coletividade"*.[26] Concorde com esse pensamento, Santo Afonso, por sua vez, não escondia sua indignação diante daqueles que desconfiavam com absoluto desdém, inconveniência e futilidade do Amor transbordante de Deus por nós na Encarnação do Verbo.

Sem fazer uso de meias palavras, repetia, quantas vezes fossem necessárias, com o Apóstolo São Paulo: *"Se alguém não amar a Jesus Cristo, seja maldito"* (1Cor 16,23).

Para Santo Afonso, *"toda a santidade e perfeição de uma pessoa consiste em amar a Jesus Cristo, nosso Deus, nosso maior bem, nosso salvador"*.[27] Lamentavelmente, a visão estereotipada que temos da vida e missão de Jesus nos impede de compreender que o essencial para a salvação cristã é a pessoa de Jesus: o Deus feito Homem por Amor a nós. Dessa forma, a Encarnação do Verbo é a prática salvífica que Deus-Pai escolheu e o Deus-Filho aceitou. Se Deus escolheu ser *"Deus-conosco"* (Mt 1,22-23), é porque ele quer estar entre nós e quer, por sua vez, que todos nós, principalmente os humilhados e ofendidos, tenham acesso a ele (cf. Mt 11,28). O Jesus histórico, ou se preferir, o Cristo homem, é capaz de muita ternura e também de muita indignação quando está em jogo a vida dos mais pobres e abandonados (Jo 2,13-22 e Sl 146,9).

A Encarnação do Verbo de Deus informa-nos que a díade amor-compaixão de Jesus é para todos (cf. Jo 10,10). Assevera-nos o padre José Ulysses da Silva dizendo: *"Jesus não é alguém que dá exemplos, mas é o exemplo, isto é, a forma concreta e histórica de como Deus entrou em comunicação com o homem"*.[28] Assim sendo, Jesus, o Deus feito plenamente homem por Amor dos homens, não poupou sua própria vida (cf. Lc 9,21-22). Ele, movido pela díade amor-compaixão por todos, é a água viva que sacia a sede dos homens e das mulheres humilhados e ofendidos, por causa do individualismo e do egoísmo (cf. Jo 4,13-14). A solidariedade ontológica de Jesus ultrapassa todas as fronteiras e barricadas impostas pelas culturas, etnias, tiranias, pelos genocídios, pelas liturgias e intolerâncias.

A Espiritualidade Redentorista afirma, com clareza e objetividade, que a Encarnação do Verbo de Deus – *Presépio* – não é, apenas ou tão somente, uma *práxis* devocional. A Encarnação do Verbo Divino não é teatro, uma alegoria ou um engodo. Ao contrário, a Encarnação do Verbo de Deus é uma prática que Deus escolheu para declarar para cada um de nós seu Amor. E, por meio desse Amor sem medidas que beira a loucura, Deus nos alimenta com sua bondade e misericórdia. O Presépio é uma opção de vida, é missão evangelizadora, é uma chave de leitura que nos faz compreender melhor o valor e a importância do ser humano. Deus tornou-se humano para nos valorizar e nos ensinar a nos respeitar e respeitar, na mesma medida, o outro diferente de nós. A Encarnação do Verbo de Deus nos ensina que o amor afetivo precisa ser também efetivo. A Fé e a Espiritualidade que se formam à luz da Encarnação do Verbo Divino impulsionam-nos para a missão: *"Simeão, filho de João, tu me amas?... Jesus disse: cuida das minhas ovelhas"* (Jo 21,15-19).

A evangelização, que parte da Encarnação do Verbo de Deus, pede-nos para sermos homens e mulheres anunciadores da Boa Notícia de Deus a exemplo de Jesus (cf. Mc 1,14-15). A evangelização, quando acontece à luz da Encarnação do Verbo de Deus, pede-nos para anunciar o Evangelho de um jeito novo. Isto é, sem moralismo, preconceito, intolerância, dominação e *"desejo narcisístico"*.[29] É importante que se saiba que o Presépio não é somente uma manjedoura forrada de feno. O Presépio é, sem sombra de dúvida, uma fonte de água cristalina onde podemos beber, abundantemente, do Amor e da Misericórdia de Deus, que chegam até nós por meio dos gestos e das atitudes de Jesus Redentor. Assim sendo, deixemo-nos ser envolvidos pela Espiritualidade que emana da Encarnação do Verbo. Ela nos chama à santidade. Portanto precisamos ser tocados pelo jeito de amar e de ser de Jesus. Seu Amor por nós é um amor gratuito, de entrega e não possessivo e interesseiro. E seus gestos, por sua vez, são simples e de fácil compreensão.

A partir da Espiritualidade da Encarnação do Verbo de Deus, nós somos todos Redentoristas. Isto é, somos todos, pelo batismo, continuadores da Encarnação do Verbo de Deus. Como Redentoristas, todos têm a missão de continuar, com atitudes e gestos novos, a Encarnação do Verbo de Deus em um mundo fortemente marcado por grandes sofrimentos e contradições. Somos continuadores da Espiritualidade da Encarnação do Verbo de Deus, em nossa sociedade fluida, quando nos inculturamos, abaixamo-nos, quando dizemos não para as intolerâncias e para os preconceitos raciais e étnicos. Continuamos a Encarnação do Verbo de Deus, na atualidade fluida, quando vivemos a vida com simplicidade e nos aproximamos dos outros diferentes e quando sentimos compaixão das pessoas que sofrem e são marginalizadas (cf. Mt 25,31-46).

Somos todos Redentoristas. Dessa forma, somos missionários e missionárias do Amor e da Misericórdia divina. Assim sendo, tenhamos, pois, a mesma compaixão de Jesus (cf. Mt 9,35-36) e sua mesma disponibilidade e simplicidade para evangelizar à luz das instruções do Espírito Santo (cf. Lc 4,18-21). Disse-nos Santo Afonso que *"quem ama o Senhor bastante não se contenta ser somente ele a amá-lo: desejaria atrair a todos a seu amor".*[30] Sejamos, pois, com ardor missionário continuadores do exemplo de Jesus Cristo Salvador, pregando aos pobres, mais abandonados, a Palavra de Deus, tendo como estímulo o que o próprio Jesus um dia disse de si mesmo: *"Enviou-me para evangelizar os pobres"* (cf. Lc 4,18-21). Nossa missão evangelizadora, sempre à luz da Encarnação do Verbo de Deus, deve ultrapassar o exemplarismo e nos levar para junto de Jesus, que, por sua vez, encontra-se encarnado nos homens e nas mulheres marginalizados (cf. Mt 25-31-46).

A Espiritualidade Redentorista, passando sempre pela *Kenosis* de Jesus, assevera-nos que o Presépio é compromisso com os pequenos. O Presépio é uma *práxis* amorosa de Deus, pela qual ele nos manda sair de nós mesmos para irmos ao encontro dos outros diferentes e marginalizados. A Encarnação do Verbo de Deus – *Presépio* –, segundo a Espiritualidade Redentorista, é uma opção preferencial que Deus faz pelos necessitados e abandonados. O Presépio é a inculturação de Deus no meio de nós. Quando somos evangelizados e seduzidos pela Espiritualidade da Encarnação do Verbo de Deus, passamos a dar mais atenção para as pessoas do que para próprios costumes e próprias regras.

Em virtude de todos esses fatos, acerca da Encarnação do Verbo de Deus – *Presépio* –, é imprescindível que todos se conscientizem da necessidade de ser, na atualidade fluida, um Presépio vivo e atuante. Isto é, sejamos, onde quer que estejamos, a presença de Jesus. A exemplo do Redentor, sejamos acessíveis a todos. Estejamos sempre abertos ao novo e saibamos acolher, de forma desarmada, os humildes. A entrega, total e incondicional, só se torna *práxis*, ou seja, missão evangelizadora se nos alimentarmos da Encarnação do Verbo de Deus. Sem o ensinamento do Presépio não tem evangelização, disposição, vida e frutos abundantes. Na Encarnação do Verbo, encontramo-nos com o Amor e a Misericórdia de Jesus, o Deus feito Homem, que nunca se cansa nem desiste de nos Amar. Diante do mistério da Encarnação do Verbo de Deus, com sentimentos de ternura, oremos com Santo Afonso: *"Ah Verbo divino, feito homem por mim! Embora eu o veja tão humilhado, ao ponto de ter-se tornado bebê no seio de Maria, eu o confesso e o reconheço como meu Senhor e como meu Rei, mas Rei de amor".*[31]

Leituras bíblicas e questões para nos ajudar a orar

Lc 1,26-38; Lc 2,21-40; Mt 9,35-38; Mt 25,31-46.

1) Para você, o mistério da Encarnação do Verbo de Deus – *Presépio* – é apenas uma devoção ou uma opção incondicional de Deus pelos mais pobres e abandonados?
2) Diante do Presépio, quais são os sentimentos que o embalam?
3) O mistério da Encarnação do Verbo de Deus o impulsiona para a missão? Tem sido você uma presença encarnada de Jesus no cotidiano de sua vida?
4) À luz da Encarnação do Verbo de Deus – Presépio –, você tem aprendido algo mais sobre inculturação, aniquilamento pessoal, pobreza, simplicidade, proximidade e compaixão pelos abandonados e marginalizados em nosso admirável mundo líquido-moderno?

[1] LIGÓRIO, Santo Afonso Maria de. A prática do amor a Jesus Cristo. Afonso Maria de Ligório; tradução Gervásio Fabri dos Anjos. 7ª ed. Aparecida, SP: Editora Santuário, 1996, p. 12.

[2] Ibidem, p. 12.

[3] Ibidem, p. 14.

[4] LIGÓRIO, Santo Afonso Maria de. A prática do amor a Jesus Cristo. Santo Afonso Maria de Ligório; tradução Gervásio Fabri dos Anjos. 7ª ed. Aparecida, SP: Editora Santuário, 1996, p. 15.

[5] Ibidem, p. 15.

[6] LORCA, José María. Agradar a Deus. Os melhores textos espirituais de Santo Afonso. Seleção e adaptação José Maria Lorca; tradução Elizabeth dos Santos Reis. Aparecida, SP: Editora Santuário, 1997, p. 15.

[7] LIGÓRIO, Santo Afonso Maria de. A Prática do Amor a Jesus Cristo. Aparecida, SP: Editora Santuário, 1982, p. 11. Apud SILVA, Padre José Ulisses da. In: A Encarnação em Santo Afonso. Caderno Redentorista, 10. Espiritualidade Redentorista, 1998, p. 10.

[8] LIGÓRIO, Santo Afonso Maria de. Apud COLIN, Louis. Alphonse de Liguori, Doctrine Spirituell 2, Essai d'analyse, Paris, Ed. Salvador, 1971, p. 73. In: SILVA, Padre José Ulisses da. A Encarnação em Santo Afonso. Caderno Redentorista, 10. Espiritualidade Redentorista, 1998, p. 10.

Ibidem, p. 10-11.

[9] Ibidem, p. 11.

[10] LIGÓRIO, Santo Afonso Maria de. Apud COLIN, Louis. Alphonse de Liguori, Doctrine Spirituell 2, Essai d'analyse, Paris, Ed. Salvador, 1971, p. 73. In: SILVA, Padre José Ulysses da. A Encarnação em Santo Afonso Caderno Redentorista, 10. Espiritualidade Redentorista, 1998, p. 11.

[11] SILVA, Padre José Ulysses da. A Encarnação em Santo Afonso. Caderno Redentorista, 10. Espiritualidade Redentorista, 1998, p. 12.

[12] SILVA, Padre José Ulysses da. A Encarnação em Santo Afonso. Caderno Redentorista, 10. Espiritualidade Redentorista, 1998, p. 12.

[13] LIGÓRIO, Santo Afonso Maria de. Apud VELOCCI, Giovanni. Sant'Alfonso de Liguori, un maestro de vita Cristiana. Milano, San Paolo, 1994, p. 35. In: SILVA, Padre José Ulysses da. A Encarnação em Santo Afonso. Caderno Redentorista, 10. Espiritualidade Redentorista, 1998, p. 12.

[14] LIGÓRIO, Santo Afonso Maria de. Apud COLIN, Louis. Alphonse de Liguori, Doctrine Spirituell 2, Essai d'analyse, Paris, Ed. Salvador, 1971, p. 76. In: SILVA, Padre José Ulysses da. A Encarnação em Santo Afonso Caderno Redentorista, 10. Espiritualidade Redentorista, 1998, p. 12-13.

[15] LIGÓRIO, Santo Afonso Maria de. Apud COLIN, Louis. Alphonse de Liguori, Doctrine Spirituell 2, Essai d'analyse, Paris, Ed. Salvador, 1971, p. 76. In: SILVA, Padre José Ulysses da. A Encarnação em Santo Afonso Caderno Redentorista, 10. Espiritualidade Redentorista, 1998, p. 13.

[16] SILVA, Padre José Ulysses da. A Encarnação em Santo Afonso. Caderno Redentorista, 10. Espiritualidade Redentorista, 1998, p. 13

[17] Ibidem, p. 13.

[18] LIGÓRIO, Santo Afonso Maria de. Apud Opere Ascetiche IV. Incarnazione. Rome, 1939. Obras Ascéticas de San Alfonso Maria de Ligori, vol. I, Madrid, BAC, 1952. In: SILVA, Padre José Ulysses da. A Encarnação em Santo Afonso. Caderno Redentorista, 10. Espiritualidade Redentorista, 1998, p. 13.

[19] LIGÓRIO, Santo Afonso Maria de. Apud SILVA, Padre José Ulysses da. A Encarnação em Santo Afonso. Caderno Redentorista, 10. Espiritualidade Redentorista, 1998, p. 13.

[20] SILVA, Padre José Ulysses da. A Encarnação em Santo Afonso. Cadernos Redentoristas, 10. Espiritualidade Redentorista, 1998, p. 13.

[21] LIGÓRIO, Santo Afonso Maria de. Apud COLIN, Louis. Alphonse de Liguori, Doctrine Spirituell 2, Essai d'analyse, Paris, Ed. Salvador, 1971, p. 71. In: SILVA, Padre José Ulysses da. A Encarnação em Santo Afonso Caderno Redentorista, 10. Espiritualidade Redentorista, 1998, p. 14.

[22] SILVA, Padre José Ulysses da. A Encarnação em Santo Afonso. Caderno Redentorista, 10. Espiritualidade Redentorista, 1998, p. 14.

[23] SILVA, Padre José Ulysses da. A Encarnação em Santo Afonso. Caderno Redentorista, 10. Espiritualidade Redentorista, 1998, p. 14.

[24] LIGÓRIO, Santo Afonso Maria de. Apud Opere Ascetiche IV. Incarnazione. Rome, 1939. Obras Ascéticas de San Alfonso Maria de Ligori, vol. I, Madrid, BAC, 1952. In: SILVA, Padre José Ulysses da. A Encarnação em Santo Afonso. Cadernos Redentoristas, 10. Espiritualidade Redentorista, 1998, p. 14.

[25] SILVA, Padre José Ulysses da. A Encarnação em Santo Afonso. Caderno Redentorista, 10. Espiritualidade Redentorista, 1998, p. 15.

[26] BEZERRA, Paulo. In: DOSTOIÉVSKI, Fiódor. O Idiota. Fiódor Dostoiévski; tradução de Paulo Bezerra; desenhos de Oswaldo Goeldi. São Paulo: Ed. 34, 2002, p. 8, 11.

[27] LIGÓRIO, Santo Afonso Maria de. A Prática do Amor a Jesus Cristo. Aparecida, SP: Editora Santuário, 1982, p. 9. In: SILVA, Padre José Ulysses da. A Encarnação em Santo Afonso. Caderno Redentorista, 10. Espiritualidade Redentorista, 1998, p. 15.

[28] SILVA, Padre José Ulysses da. A Encarnação em Santo Afonso. Caderno Redentorista, 10. Espiritualidade Redentorista, 1998, p. 16.

[29] BAUMAN, Zygmunt. Modernidade Líquida. Zygmunt Bauman; tradução, Plínio Dentzien. Rio de Janeiro: Jorge Zahar Ed., 2001, p. 54.

[30] LIGÓRIO, Santo Afonso Maria de. Apud AVVIZI XIII. In: SILVA, Padre José Ulysses da. A Encarnação em Santo Afonso. Caderno Redentorista, 10 Espiritualidade Redentorista, 1998, p. 17.

[31] LIGÓRIO, Santo Afonso Maria de. Apud COLIN, Louis. Alphonse de Liguori, Doctrine Spirituell 2, Essai d'analyse, Paris, Ed. Salvador, 1971, p. 181-183. In: SILVA, Padre José Ulysses da. A Encarnação em Santo Afonso, Caderno Redentorista, 10. Espiritualidade Redentorista, 1998, p. 20.

Eucaristia: Fazei isto em memória de mim

A Sagrada Escritura informa-nos, acerca da instituição da Eucaristia, que ela é fruto de um desejo de Jesus. Vejamos: *"Quando chegou a hora, Jesus se pôs à mesa com os apóstolos. E disse: Desejei muito comer com vocês esta ceia pascal, antes de sofrer"* (Lc 22,14-15). Assim sendo, a Eucaristia, enquanto Páscoa celebrada por Jesus, é um gesto supremo de amor, que nos liberta do mal e do egoísmo. Na mesa eucarística, a autoridade individual é substituída pelo serviço junto aos irmãos. A Eucaristia, como mestra, ensina-nos que nós devemos, a exemplo de Jesus, romper com as *"inclinações totalitárias intrínsecas e permanentes"*.[1] Na mesa eucarística, a autonomia, a liberdade de escolha, a autoafirmação humanas, bem como o direito de ser e permanecer diferente devem ser respeitados e garantidos.

A Eucaristia não é uma encenação. Ao contrário, a Eucaristia é um grito em defesa dos direitos humanos na sociedade dos indivíduos líquido-modernos. A Eucaristia nos pede que nos preocupemos mais com os interesses comuns. Lamentavelmente – seria imprudente de nossa parte negar –, estamos sendo embalados pela individualização. E ela veio para ficar. Assim sendo, vemos surgir bem diante de nossos olhos *"a alta dos sentimentos hedonísticos, do eu primeiro e da tendência ao totalitarismo"*.[2] O poder emancipatório dessas ideias e desses sentimentos nos levam, evidentemente, à dominação e limitam nossa liberdade impondo-nos uma pseudosatisfação gerada a partir do *"desejo narcisístico"*.[3]

Os Prefácios I, II, e III da Santíssima Eucaristia, sacrifício e sacramento de Cristo, dizem-nos o seguinte: *"Ele, verdadeiro e eterno sacerdote, oferecendo-se a vós por nossa salvação, instituiu o Sacrifício da nova Aliança e mandou que o celebrássemos em sua memória. Sua carne, imolada por nós, é o alimento que nos fortalece. Seu sangue, por nós derramado, é a bebida que nos purifica".*[4] O Prefácio da Santíssima Eucaristia I assevera--nos que Jesus é o verdadeiro e eterno sacerdote, porque ofereceu-se por nossa salvação. Quanto amor dispensado a cada um de nós! O Prefácio da Santíssima Eucaristia II, por sua vez, diz-nos o seguinte:

> *"Reunido com os Apóstolos na última Ceia, para que a memória da Cruz salvadora permanecesse para sempre, ele se ofereceu a vós como cordeiro sem mancha e foi aceito como sacrifício de perfeito louvor. Pela comunhão neste sublime sacramento, a todos nutris e santificais. Fazei de todos um só coração, iluminais os povos com a luz da mesma fé e congregais os cristãos na mesma caridade. Aproximamo-nos da mesa de tão grande mistério, para encontrar por vossa graça a garantia da vida eterna".* (Prefácio da Santíssima Eucaristia II)

O Prefácio da Santíssima Eucaristia II nos lembra que Jesus se ofereceu a nós como cordeiro sem mancha. Isto é, como sacrifício perfeito. Jesus, transbordando de amor por nós, assumiu a identidade do cordeiro e, de forma oblativa, derramou seu sangue para nos remir de nossos pecados. Por fim, porém, não menos importante, o Prefácio da Santíssima Eucaristia III diz assim:

> *"Vosso Filho, obediente até a morte na Cruz, precedeu-nos no caminho de volta para vós, que sois o fim último de toda a esperança humana. Na Eucaristia, testamento de seu amor, ele se fez comida e bebida espirituais, que nos sustentam na caminhada para a Páscoa eterna. Com esta garantia da ressurreição final, esperamos participar do banquete de vosso Reino."* (Prefácio da Santíssima Eucaristia III)

O Prefácio da Santíssima Eucaristia III comunica-nos de forma clara e objetiva que a Eucaristia é o testamento acordado, firmado do amor de Jesus por nós. A Eucaristia é uma carta de amor escrita por Jesus, assinada por ele e enviada para cada um de nós. Nela, Jesus, tomado por um amor sem medida, que chega a beirar o exagero, oferece-se como comida e bebida para nos sustentar na caminhada e para nos encorajar diante dos perigos, das decepções e perdas. Diante dos fatos mencionados, é imprescindível que tenhamos consciência de que a Eucaristia é vital para nós que fazemos parte do discipulado de Jesus. A Eucaristia não pode continuar sendo compreendida por nós, cristãos católicos, discípulos e discípulas do Redentor, tão somente como uma *práxis* sacramental. O pão e o vinho, presença sacramental de Jesus, pelo mistério da fé, são o corpo e o sangue de Jesus. Na Eucaristia celebramos o sentido profundo da vida e morte de Jesus por amor a nós. Jesus viveu e morreu como dom gratuito. Assim sendo, a Eucaristia, em qualquer época em que ela for celebrada, fará oposição a uma sociedade em que seus indivíduos vivem para si mesmos e para seus próprios interesses.

Finalmente, a letra do Concílio Vaticano II (1962-1965) acerca da Eucaristia afirma que ela é *"fonte e ápice da vida cristã"*. E, de fato, o é. Infelizmente, para a maioria de cristãos católicos, a Eucaristia é, ainda, vista como tão somente um ato devocional. O devocionismo eucarístico, tão relevante no interior de nossas comunidades eclesiais, impede o desenvolvimento da compreensão da Eucaristia como missão comprometida com a comunidade e com a sociedade onde vivemos. A Eucaristia não é um estado da alma ou uma pseudomística privada, individualista e narcisística. A Eucaristia não é passiva. Ela é possuidora de um movimento que nos tira de nós mesmos e nos envia para o meio dos outros diferentes para que atuemos como sal e luz da terra. Disse Jesus: *"Vocês são o sal da terra. Ora, se o sal perde o gosto, com que poderemos salgá-lo? Não serve para mais nada; serve só para ser jogado fora e ser pisado pelos homens. Vocês são a luz do mundo. Não pode ficar escondida uma cidade sobre o monte. Ninguém acende uma lâmpada para colocá-la debaixo de uma vasilha,* e *sim para todos os que estão em casa. Assim também: que a luz de vocês brilhe diante dos homens, para que eles vejam as boas obras que vocês fazem e louvem o Pai de vocês, que está no céu"* (Mt 5,13-16).

O sal que dá o sabor é o próprio amor de Jesus por nós. A luz, evidentemente, é conhecimento de que necessitamos para compreender a Eucaristia como missão e comunhão com os pobres mais abandonados. Além do mais, a Eucaristia é a presença salvífica de Cristo no meio de nós. Jesus, morto e ressuscitado, tornou-se sacramento para permanecer entre nós. São João Paulo II, em sua Encíclica *Ecclesia de Eucharistia*, assevera-nos: *"precisamente por este motivo, a Eucaristia ocupa um lugar central na vida do povo messiânico como sacramento por excelência do mistério pascal. Nela, lê-se: "A Eucaristia (...) está colocada no centro da vida eclesial"*[5]; *e ainda: "A Eucaristia é o centro e a vértice da vida da Igreja".*[6]

Dessa forma, sem sombra de dúvida, a Eucaristia edifica os homens e as mulheres, a Igreja e a sociedade em que vivemos. A Eucaristia nos faz, e nós fazemos a Eucaristia quando rompemos com os sentimentos hedonísticos e com as buscas exageradas do *"eu primeiro"*.[7] Jesus Cristo merece ser amado por todos nós. Sobretudo, porque, pela instituição da Eucaristia, ele demonstrou, e continua demonstrando, seu amor incondicional por nós, homens e mulheres de boa vontade (cf. Lc 22,14-20). Dado o exposto, passaremos a tratar sobre a relevância da Eucaristia à luz do pensamento de Santo Afonso Maria de Ligório.

A Eucaristia é uma coluna relevante que sustenta o edifício espiritual afonsiano. Santo Afonso desde pequenino, graças a sua mãe, tomou um gosto, sem medida, pela Eucaristia. Para ele, segundo o Missionário Redentorista padre Afonso Paschotte (1945-2004), *"a Eucaristia é uma expressão histórica do amor de Deus por nós"*.[8] Na juventude, Santo Afonso, como escreve seu biógrafo padre Antônio Maria Tannoia, *"consagrou todo o seu tempo para visitar diariamente Jesus Sacramentado, exposto à adoração dos fiéis nas Quarenta Horas, em qualquer uma das Igrejas vizinhas ou, até mesmo, em alguma das mais distantes"*.[9] E ainda, segundo o padre Tannoia, *"Santo Afonso não passava apenas alguns momentos em adoração, como costumavam fazer, em geral, os menos devotos, mas permanecia em contemplação por várias horas, com edificação do público e com muita satisfação para seu coração. Ele gostava de vê-lo adorado sobre os altares, especialmente se exposto com solenidade e pompa"*.[10]

Era aos pés do Santíssimo Sacramento que Santo Afonso norteava toda a sua vida e missão. Santo Afonso sempre foi muito grato a Jesus presente no Santíssimo Sacramento. Todas as vezes que ele estava visitando o Santíssimo Sacramento, pedia desculpas a Jesus, pelas vezes em que se aproximou do Altar com *"tanta frieza e imperfeição"*.[11] Santo Afonso, depois que descobriu que a Eucaristia é uma fonte inesgotável de amor, rezava diante do Santíssimo Sacramento com grande devoção e fervor. Sempre ajoelhado e concentrado em Deus, Santo Afonso saciava sua fome e sede na espiritualidade eucarística.

Mais tarde, como padre Redentorista, ele, nas palavras do padre Afonso Paschotte, *"instituiu a visita-adoração ao Santíssimo Sacramento nos lugares por ele missionados. Ele também introduziu na Missão Redentorista um sermão exclusivo sobre a Eucaristia"*.[12] Depois, em um outro momento, como bispo da Diocese de Santa Ágata, lembra-nos o padre Afonso Paschotte que *"Santo Afonso introduziu em sua diocese o costume de expor o Santíssimo Sacramento em todas as Igrejas"*.[13]

Para Santo Afonso, o Santíssimo Sacramento é um dom. Uma prova irrefutável de amor de Jesus por nós, que não nos deixou vestes, anel ou qualquer outra coisa, mas sim seu corpo e sangue. Isto é, Jesus nos deixou a si mesmo. Ele nos deu sua divindade, seu todo. Diz São João Crisóstomo: *"Jesus deu-se todo não reservando nada para si"*.[14] Segundo o Concílio de Trento (1545-1556), no dom da Eucaristia, Jesus quis derramar *"todas as riquezas do amor que reservava para os homens"*.[15] Deu-se a nós exatamente naquela noite em que os homens lhe preparavam a morte. Recorda-nos o Apóstolo São Paulo: *"Na noite em que foi entregue, o Senhor Jesus tomou o pão e, depois de dar graças, partiu-o e disse: isto é o meu corpo que é entregue por vós"* (1Cor 11,23-24). Jesus, abrasado de amor, deu-nos a si mesmo como verdadeira comida e verdadeira bebida.

Recorda-nos São Bernardino de Sena *"que Jesus foi constrangido pelo excesso de amor a fazer uma obra maior: dar-nos, como alimento, o seu próprio corpo"*.[16] Dessa forma, podemos afirmar sim, em todo o tempo e lugar, que a Eucaristia é o Sacramento de amor. A Eucaristia é uma prova relevante do amor de Jesus por nós. Tem você alguma dúvida do amor de Jesus? Pois bem, caso o tenha, basta se aproximar do Sacramento do amor que é a Santíssima Eucaristia. Na Eucaristia, revela-nos Santo Afonso, o próprio Redentor assim nos diz: *"Homens, se algum dia duvidarem de meu amor, eis que eu lhes deixo a mim mesmo neste sacramento. Com tal garantia na mão, não podem ter dúvidas de que eu os amo e os amo muito"*.[17] São Tomás de Aquino chama a Eucaristia de *"Sacramento do Amor"*. E de fato o é. São Bernardo, por exemplo, chama o Sacramento da Eucaristia de *"Amor dos amores"*.[18] O nome de Jesus na eucaristia é amor. São Filipe Néri, todas as vezes que se aproximava do Sacramento da Eucaristia, dizia: *"Eis o meu amor, dai-me o meu amor"*.[19]

Quando Jesus, o Verbo Encarnado (cf. Lc 1,26-38), fez-se comida e bebida para nos alimentar e se revelou a seus discípulos, eles o abandonaram. Eles não compreenderam suas palavras e se retiraram dizendo: *"Como pode ele nos dar a comer sua carne? Esta palavra é dura; quem pode escutá-la?"* (Jo 6,53.61). E nós, cristãos católicos da era da fluidez, acreditamos nas palavras de Jesus ou as achamos, como seus discípulos as acharam, duras demais (cf. Jo 6,53.61), quando ele nos diz, em cada Eucaristia que celebramos: *"Isto é meu corpo, que é dado por vocês. Façam isto em memória de mim." Depois da ceia, Jesus fez o mesmo com o cálice, dizendo: "Este cálice é a nova aliança do meu sangue, que é derramado por vocês"* (Lc 22,19-20). Qual é o valor e a relevância do Sacramento da Eucaristia para os homens e para as mulheres de nosso admirável mundo líquido-moderno?

Disse Jesus: *"Desejei ardentemente comer esta páscoa convosco antes de sofrer"* (Lc 22,15). Será que nós, cristãos católicos da atualidade líquido-moderna, também desejamos Jesus com o mesmo ardor que ele nos deseja? Eu, a partir de minha experiência apostólica e missionária, estou bastante preocupado com os aspectos pastorais e espirituais da Eucaristia. Segundo minha compreensão, muitos cristãos católicos, embora já catequizados, não sabem participar do Sacramento da Eucaristia. Tomados pela ignorância, pela passividade e pela indiferença, não sabem o que é a missa. Por isso não dão a ela o devido valor. Evidentemente, toda regra tem exceção. No entanto, de forma geral, a ignorância de muitos cristãos católicos, na atualidade fluida, compromete a compreensão e a participação ativa da Eucaristia no mundo em que nós vivemos.

Qual é a causa da ignorância, indiferença e apatia diante da Eucaristia no interior das comunidades cristãs católicas? As causas, evidentemente, são muitas. A primeira delas, por exemplo, é a falta de disposição interna do participante. Outra causa, não podemos negar ou mesmo subestimar, é o despreparo do celebrante. Há sacerdotes zelosos. No entanto há também sacerdotes que presidem a Eucaristia sem dar a ela o devido valor e a devida importância. O sacerdote, seja ele diocesano ou religioso, nas palavras do padre Afonso Paschotte, *"tem um papel fundamental para o povo no seu modo de valorizar e celebrar a missa"*.[20] Por isso é fundamental que todos os sacerdotes, *"antes de tudo e de todos, sejam bem formados em relação à Eucaristia"*[21].

Se quisermos recuperar a Espiritualidade da Eucaristia, no interior de nossas comunidades cristãs católicas, temos de combater a pressa e o atropelo na celebração da missa. A realidade que nos cerca é triste. Muitas vezes, lamentavelmente, vemos os atos de desprezo devorando a reverência eucarística. Depois da consagração, há os que tocam a hóstia e o cálice consagrados como se fossem um mero pedaço de pão e um copo de vinho. No que diz respeito aos fiéis católicos, não é diferente. Muitos são os que chegam atrasados, ficam distraídos, outros ficam o tempo todo mascando *chiclets* ou falando ao celular. Nossas crianças, infelizmente, na hora da missa estão brincando com seus brinquedos e comendo salgadinhos. Isso sem falar daqueles e daquelas que, há anos, não participam mais do Sacramento da Eucaristia. Os motivos, sem dúvida, são variados. O devocionismo eucarístico, tanto no meio do povo, como no meio do clero, aniquila a Teologia e a Espiritualidade eucarísticas, que se configuram a partir do Altar do Sacrifício, onde é imolado o Cordeiro de Deus, que tira o pecado do mundo.

Santo Afonso, em Nápoles do século XVIII, que ele conhecia tão bem, estava muito preocupado com a evasão dos cristãos católicos de seu tempo do banquete eucarístico. Nápoles era uma cidade populosa. *Nela, "existiam profundas diferenças nas condições econômicas, mas também nos hábitos de vida e de mentalidade"*[22], diz o padre Francesco Chiovaro. No entanto o número de eclesiástico em Nápoles, no século XVIII, era bastante grande. A população, apesar das diferenças econômicas e de hábitos de vida e mentalidade, era quase toda católica. Com o passar do tempo, as coisas foram mudando. No dia de 18 de junho de 1754, Santo Afonso escreveu uma carta ao Cardeal Antonio Sersale, recém-nomeado arcebispo, com os seguintes dizeres: *"V. Emcia, não encontra mais o clero de Nápoles como o deixou: encontra um clero decadente, e, consequentemente, também um povo decadente; encontra especialmente decadente o espírito nos ordenados (...). O espírito do clero napolitano, que era um exemplo para todo o Reino, e se poderia dizer de todo o mundo, agora devia chorar ao ver a que estado foi reduzido".*[23]

Do outro lado da balança, tinham os religiosos, que, por sua vez, também estavam marcados por episódios que revelavam um profundo mal-estar. A saber: *"episódios que vão desde a insubordinação contra os superiores até o contrabando e os homicídios"*[24], diz o padre Francesco Chiovaro. Alguns diziam que uns eclesiásticos eram verdadeiros ateus. Isto é, não acreditavam naquilo que estavam celebrando. Nápoles estava carecendo de sacerdotes e religiosos zelosos e eucarísticos. As vocações forçadas e interesseiras colaboravam, ainda mais, com a evasão dos cristãos católicos do Sacramento da Eucaristia. Eles, no tempo de Santo Afonso, bem como em nosso tempo, eram vivazes, tinham o coração aberto, no entanto estavam mais voltados para as festas, para o divertimento e para as farras. Eram também agressivos e cultivavam o espírito de vingança. Não estavam nem um pouco preocupados com sua não participação na missa. Qualquer semelhança com nossos dias é mera coincidência. Você não acha? O povo conhece, evidentemente, os rudimentos da fé. Eu creio nisso. No entanto não podemos negar que os escândalos no interior da Igreja e as missas mal celebradas têm contribuído muito com a baixa frequência dos cristãos católicos na Igreja e nos Sacramentos; particularmente, no Sacramento da Eucaristia.

A Nápoles do século XVIII estava, lamentavelmente, repleta de sacerdotes que apreciavam a elite napolitana. Havia cônegos nomeados por concurso e párocos incompetentes que careciam de cultura, isto é, informação e conhecimento para poder trabalhar com segurança. Muitas coisas eram ditas sobre a vida do clero napolitano. Dentre elas era, segundo o padre Francesco Chiovaro: *"Os párocos são preguiçosos e vendedores de sacramentos e de superstições. E a população não podia ser diferente: uma multidão de homens ignorantes, como os próprios animais, em razão da quase inexistência da catequese e da pregação. De outro lado, essa pobre gente, em lugar da prática da fé cristã, praticava mais uma religiosidade cristã mágica, na qual o demônio ocupava frequentemente o primeiro lugar".*[25]

A seara do clero napolitano era um verdadeiro deserto. A população, principalmente os mais pobres, morria em uma total ignorância de Deus. Poucos sacerdotes se dedicavam à instrução religiosa dos mais pobres e abandonados. A maioria dos padres não suportava o apostolado junto dos pobres camponeses. A realidade era triste. O documento *Misa y Oficio Atropelados, BAC II*, diz o seguinte sobre o clero napolitano: *"Ao ver como a maioria dos sacerdotes celebram com tanta precipitação e atropelo as cerimônias – seria preciso chorar e chorar lágrimas de sangue... Palavras mutiladas, genuflexões pela metade, que mais parecem atos de desprezo que de reverência; bênçãos cujas cruzes ninguém sabe o que querem dizer, modo de gesticular no altar que excitam a hilaridade".*[26]

Continua nos dizendo o documento citado:

> *Os padres, depois da consagração, tocam a hóstia e o cálice consagrados como se fossem um pedaço de pão e um copo de vinho; misturam desordenadamente as palavras com as cerimônias antepondo umas às outras antes do tempo destinado a cada uma. Em suma, toda a missa não é, desde o começo até o fim, senão um acúmulo de confusão, de desordem e irreverências. Quando se busca a causa de tudo isso, encontra-a em duas situações: a ignorância das rubricas e a falta de esforço em aprendê-las; pelo afã de terminar a missa o mais rápido possível: diziam que tais sacerdotes celebravam como se a Igreja estivesse por cair ou por ser assaltada pelos turcos e não houvesse tempo para fugir. Outros gastavam mais de duas horas em assuntos mundanos, em conversa mole no botequim ou na sacristia e depois atropelavam a celebração com um único desejo: o de acabar o mais rapidamente possível.*[27]

Todas essas observações sobre as realidades que se formaram ao entorno da celebração eucarística, de ontem e de hoje, visam chamar nossa atenção para a grandeza e a dignidade da missa. Diante de um mistério tão grande, diz o padre Afonso Paschotte, devemos ter um comportamento mais respeitoso e saber que *"a grandeza do Sacramento da Eucaristia exige de todos nós, sacerdotes, religiosos e leigos, seriedade e santidade, na hora da celebração"*.[28] Os escândalos, sejam da parte do clero, bem como da parte dos fiéis leigos, atentam contra o mistério que envolve o Sacramento da Eucaristia. Quem preside a missa deve fazer com seriedade e devoção. Quem da missa participa, pela mesma forma, tem de estar com disposição interna, lucidez e devoção. Do contrário, é melhor ficar em casa. Na missa, Jesus Cristo se dá todo a nós. Ele quer estar intimamente unido conosco (cf. Jo 6,57). Na celebração eucarística, encontramos com Jesus Cristo na fração do pão e do vinho, isto é, em seu último grau de amor por nós. Lembra-nos Santo Afonso que *"Jesus Cristo muito se alegra em estar unido conosco"*.[29]

Jesus quis dar-se todo a cada um de nós. Ele tornou-se comida e bebida, isto é, sacramento, para continuar permanecendo entre nós. Disse Jesus: *"Quem come minha carne permanece em mim e eu nele"* (Jo 6,57). Assim diz Santo Afonso: *"Na Comunhão, Jesus une-se à pessoa, e a pessoa, a Jesus. Essa união não é apenas de simples afeto, mas real e verdadeira"*.[30] Por isso nos diz São Francisco de Sales: *"Em nenhuma outra ação se pode considerar o Salvador mais carinhoso, mais amoroso do que nesta. Aniquila-se, por assim dizer, e se reduz a alimento para penetrar nossas almas e se unir ao coração de seus fiéis"*.[31] Diz São João Crisóstomo: *"Jesus Cristo quer de tal modo unir-se conosco, pelo amor ardente que nos tem, que nos tornemos uma só coisa com ele"*.[32] Acrescenta São Bernardino de Sena: *"O dar-se Jesus Cristo a nós como alimento foi o último grau de amor. Deu-se a nós para unir-se totalmente conosco como se une o alimento diário com quem o toma"*.[33]

Amemos Jesus e estejamos sempre unidos no amor dele e não nos separemos mais. Quando comungamos com disposições convenientes, muito alegramos Jesus Cristo, que se deu totalmente a nós por amor. Veja bem, preste bem atenção no que eu acabei de dizer! Eu disse: devemos comungar com as disposições convenientes. Eu não disse, por exemplo, com disposições dignas. Infelizmente, muitos cristãos católicos que, embora vão diariamente à missa, não comungam porque não se sentem suficientemente dignos para participarem do banquete eucarístico. A situação, por sua vez, fica ainda mais complicada quando alguém diz: *"Aqueles que se sentem dignamente preparados podem entrar na fila da sagrada comunhão"*. Se continuarmos, não podemos subestimar, insistindo no quesito dignidade e desprezando os princípios das *"disposições convenientes"*,[34] ninguém poderá comungar. Assim sendo, como diz Santo Afonso, *"só um outro Deus seria digno de receber um Deus"*.[35]

Santo Afonso *"entende como 'convenientes' aquelas disposições que convêm a uma miserável criatura vestida da pecadora carne de Adão. Basta, ordinariamente falando, comungar em estado de graça e com vivo desejo de crescer no amor a Jesus Cristo"*.[36] A esse respeito da conveniência acima da dignidade, dizia São Francisco de Sales: *"Só por amor se deve receber Jesus Cristo na comunhão, já que só por amor ele se dá a nós"*.[37] Por hipótese, é Santo Afonso um laxista acerca da Sagrada Comunhão? Não. Santo Afonso não é um laxista. Primeiramente, Santo Afonso, ao longo de seus dias, sempre respeitou e valorizou muito as pessoas. Para ele, todas são nobres. Portanto merecem nosso respeito e nossa atenção. Principalmente, os mais pobres e abandonados. Ao investir mais nas disposições convenientes e ao desconsiderar as teses jansenistas, quietistas e outras linhas de pensamentos, que, simultaneamente, apostavam nos princípios da dignidade, isto é, na exclusão ou na restrição dos fiéis católicos na mesa da sagrada comunhão, Santo Afonso, seguindo a mentalidade de sua época, sobre a comunhão frequente, diz-nos que devemos fazer sempre o uso do bom senso. Bom senso esse que, ao mesmo tempo, deve estar sempre à luz da orientação de um bom diretor espiritual.

Entendamos, pois, que não existe para nós nada melhor e mais proveitoso que a comunhão. Diz Santo Afonso que, quando *"Cristo vem até uma pessoa pela comunhão, traz consigo imensos tesouros de graças"*.[38] Quando comungamos, vêm-nos todos os bens de Deus. Diz São Dionísio que *"o sacramento da Eucaristia tem poder de santificar as pessoas mais do que todos os outros meios espirituais"*.[39] E, por sua vez, diz São Vicente Ferrer: *"Maior proveito se tira da comunhão, do que uma semana de jejum a pão e água"*.[40] O Concílio de Trento (1545-1563) ensina que *"a comunhão é o remédio que nos livra dos pecados veniais e nos preserva dos mortais"*.[41] As graças que nós recebemos pela comunhão nos preserva das culpas graves. Creiam nisso. Escreveu Inocêncio III: *"Jesus Cristo com sua Paixão nos livrou do poder do pecado, mas com a Eucaristia nos livra do poder de pecar"*.[42]

A Eucaristia é o Sacramento do Amor. Ela é fruto de um desejo ardente do Deus Amor (cf. Lc 22,14-15). Enquanto fogo ardente, a Eucaristia nos consome de dentro para fora e nos apura todos os afetos: *"Vim lançar fogo sobre a terra: e como gostaria que já estivesse aceso"!* (Lc 12,49). Jesus acende um fogo apaixonante de amor naquele que devotamente o recebe no Sacramento da Eucaristia. Assevera-nos São João Crisóstomo que: *"O Santíssimo Sacramento é fogo que nos inflama de modo que, retirando-nos do altar, espargimos tais chamas de amor que nos tornam terríveis ao inferno"*.[43] Quando recebemos a comunhão, ficamos inebriados do amor de Deus. A comunhão nos deixa doentes de amor. não raramente, escuto alguém dizer: não comungo com frequência porque não me sinto digna, ou dirá que se sente frio diante do amor de Deus. Certa vez, Jesus respondeu assim àqueles que o interrogavam: *"As pessoas que têm saúde não precisam de médico, mas só as que estão doentes. Eu não vim para chamar justos, e sim pecadores"* (Mc 2,17).

Ora, se você se sente frio como pretende se aquecer longe do fogo abrasador e apaixonante, que é Jesus? São Boaventura escreveu: *"Ainda que friamente, aproxime-se confiando na misericórdia de Deus. Tanto mais uma pessoa precisa do médico, quanto mais se sente doente"*.[44] Sobre a frequência no Sacramento da Eucaristia dizia São Francisco de Sales: *"Duas espécies de pessoas devem comungar com frequência: os perfeitos, para se conservarem na perfeição, e os imperfeitos, para chegarem à perfeição"*.[45] No entanto, quanto à comunhão diária, diz Santo Afonso: *"Mas para comungar frequentemente é preciso, ao menos, ter um grande desejo de fazer-se santo e crescer no amor a Jesus Cristo"*.[46] A esse respeito diz Santa Matilde: *"Quando você for comungar, deseje todo aquele amor que jamais um coração teve para comigo, e eu receberei este seu amor como você gostaria que fosse, é o que nos diz o Senhor"*.[47]

Na Nápoles de Santo Afonso (século XVIII), inspiradores de práticas rigoristas, *jansenistas* e *quietistas*, em defesa da espiritualidade eucarística, diziam que a grandeza do Sacramento da Eucaristia nos impedia, por si só, a comunhão frequente pelo simples fato de não estarmos dignos de tão sublime ato. Diziam os rigoristas que a comunhão é tão sublime que não pode ser dada a qualquer um. Um dos grandes inspiradores dessa prática rigorista, segundo o padre Afonso Paschotte, *"foi Antoine Arnauld (1612-1643), com a obra De la fréquente communion (1643), em que propunha a volta da Igreja à santidade e pureza das origens em relação à comunhão"*.[48] A grandeza e a solenidade excessivas, ao redor do Sacramento da Eucaristia, sobretudo, em nossa atualidade fluida, não podemos negar, ou mesmo subestimar, afastam os fracos e os pobres do banquete eucarístico e rareiam os momentos de comunhão frequente.

Ainda hoje, encontramos cristãos católicos que comungam uma vez por ano, no Natal ou na Páscoa. Outros, por sua vez, comungam mensalmente. Alguns comungam semanalmente, e um pequeno número de cristãos católicos comungam diariamente. Evidentemente, não podemos desconsiderar que em vários lugares do Brasil a missa não é celebrada diariamente. Santo Afonso sempre defendeu, em seu tempo, a comunhão diária. Com maestria, e sem desrespeitar ou desconsiderar as pessoas, sobretudo, as mais empobrecidas, ele dizia que era muito importante respeitar a dignidade do sacramento da Eucaristia. Esse respeito deve sempre vigorar em todo tempo e lugar, porém sem desconsiderar, evidentemente, as pessoas que se reúnem a seu redor. A finalidade do Sacramento da Eucaristia está acima das normas e dos rigorismos moralizantes tão frequentes em nossas comunidades cristãs católicas. Não é mesmo?

Para Santo Afonso, a comunhão diária é muito importante para o crescimento espiritual. Ela muito nos revigora em nossa *práxis* missionária junto aos mais pobres e abandonados (cf. Jo 6,52-71). Santo Afonso, como já é de nosso conhecimento, sempre orientava e propunha para seus paroquianos, segundo o padre Afonso Paschotte, *"a comunhão com disposição conveniente e não com a disposição digna, como queriam os rigoristas jansenistas e quietistas".*[49] A Espiritualidade Redentorista, sobretudo, aquela que nos foi ensinada por Santo Afonso, acentua a Eucaristia como presença real de Cristo no meio de nós na fração do pão e do vinho. E a melhor maneira de desfrutar desse amor transbordante é amando. Sim, o amor é a chave de leitura da Eucaristia. O Amor está na Encarnação do Verbo de Deus – Presépio –, na Eucaristia, na Cruz e no sim de Maria a Deus.

Na hora da consagração do pão e do vinho, Jesus se encarna assim como ele se encarnou no ventre da Santíssima Virgem Maria (cf. Lc 1,26-38). Assim nos diz o padre Afonso Paschotte: *"Assim como a encarnação é o ato de presença de Jesus em nossa carne, a Eucaristia é sua continuação-prolongamento".*[50] O Amor de Jesus por nós na Eucaristia muito encanta Santo Afonso. Sendo assim, para a espiritualidade afonsiana, a Eucaristia que nós celebramos não é, ou pelo menos não deveria ser, simplesmente um ato de devoção. Eucaristia é vida. Eucaristia é missão. Eucaristia é compromisso e comunhão com os outros diferentes. Eucaristia é o ato de sair da cadeira, cingir os rins com uma toalha, pegar uma bacia com água para lavar os pés daqueles e daquelas que vamos encontrando ao longo da vida (cf. Jo 13,12-17; Lc 22,27-29). A Eucaristia é um *modus operandi et vivendi* de ser. Eucaristia é o amor que se faz presente. Esse amor encarnado no Pão e no Vinho, Corpo e Sangue de Cristo nos alimenta e sacia nossa sede.

A mística ou a espiritualidade eucarística não nos ensina sobre o ascetismo. Ao contrário, ela nos convoca para mergulharmos no amor louco de Deus por nós. Eucaristia é, portanto, encontro. Encontro com Deus, encontro comigo mesmo e, finalmente, encontro com os irmãos e as irmãs diferentes, habitantes deste nosso admirável mundo líquido-moderno. Assevera-nos o padre Afonso Paschotte que: *"A presença de Jesus no*

Santíssimo Sacramento está banhada pelo amor e só pode ser entendida na experiência do amor".[51] Na Eucaristia Deus demonstra para nós o grau extremado de seu amor (cf. Jo 13,1). Na Eucaristia, Jesus se dá totalmente a nós por amor. O dar-se de Jesus Cristo a nós, como alimento, é uma prática de amor irrefutável. Jesus não tem nada. Isto é, ele não tem nem ouro nem prata.

Ele não tem nem mesmo um lugar para inclinar sua cabeça (cf. Mt 8,18-22). O que ele tem nos dá abundantemente. Ele nos dá seu corpo e sangue (cf. Lc 22,19-20), sua túnica e sua mãe (cf. Jo 19,23-27). Portanto a Eucaristia é a presença real de Cristo, contínua e continuada de Deus entre nós, em Jesus de Nazaré. A Eucaristia, presença real e Cristo no meio de nós, facilita meu encontro-comunhão com os outros. Sobretudo, com os outros diferentes. Jesus escolheu ficar entre nós como alimento simples, não alimento raro e de preço elevado. Escolheu ele o pão. O alimento simples que pode ser por todos encontrado em qualquer lugar do mundo. Tudo isso, por amor. Tudo isso porque Jesus nos quer vivo: *"Se não comerdes a carne do Filho do Homem e não beberdes seu sangue, não tereis a vida em vós"* (Jo 6,52-59). A eucaristia nos humaniza. Eucaristizados pela Eucaristia, conseguiremos viver a vida-comunhão.

O Sacrário é o lugar de nosso encontro íntimo com Jesus eucarístico. Lá é o lugar onde aprimoramos nossa amizade e intimidade com Jesus, que, por amor a nós, permanece dia e noite no Sacramento do Altar. No Sacrário, fazemos uso da espontaneidade e da liberdade do amor. No Sacrário falamos, pedimos perdão, choramos, agradecemos. Enfim, no Sacrário podemos derramar nosso coração sem medo e sem censura. No Sacrário, nós nos alimentamos do amor de Jesus, e ele, sempre com sua presença real, conforta-nos e nos fortalece para a missão. Precisamos aprender a fazer mais uso desse mistério de amor. Isto é, precisamos visitar mais vezes o Santíssimo Sacramento. Precisamos enamorar mais profundamente de Jesus. Na era líquido-moderna, deparamos com os princípios neojansenistas e neoquietistas, extremamente rigoristas e excludentes, que querem nos distanciar de Deus. No entanto as Visitas ao Santíssimo Sacramento não substituem a participação dos fiéis na celebração da Missa. O afeto e o sentimento que temos por Jesus no Santíssimo Sacramento do altar devem nos auxiliar em nossa opção preferencial pelos mais pobres e abandonados. Jesus está encarnado no meio de nós (cf. Mt 25,35-45). Portanto que nossa presença seja, a exemplo de Jesus Eucarístico, sempre uma presença redentiva, fácil e gratuita.

Leituras bíblicas e questões para nos ajudar a orar

Jo 6,51-7; Jo 6,53-61; Mc 2,17; Lc 22,14-22; Mt 25,35-45.

1) Para você a Eucaristia é fonte e ápice da vida cristã?
2) A Eucaristia, expressão do amor de Deus por nós, tem ajudado você a ter discernimento para não tomar nenhuma decisão de forma precipitada?
3) A Eucaristia, como missão-sacrifício, tem ajudado você a assumir seu papel de evangelizador/a?
4) Têm rebatido em você aquelas atitudes passivas e as indiferenças diante do mistério da missa?
5) Sabe o que é a missa e como dela deve participar ou se sente um ignorante?
6) Tem aproveitado da grandeza e da dignidade da missa ou só chega a ela atrasado/a?
7) A comunhão é muito importante para o crescimento espiritual. Dado o exposto, pergunto: tem comungado diariamente?
8) Você compreende a Eucaristia como um simples ato de devoção, ou como presença real de Cristo? Comungar com disposição conveniente e não com a disposição digna o que significa para você? Tem feito visitas ao Santíssimo Sacramento do altar?

[1] BAUMAN, Zygmunt. Modernidade Líquida. Zygmunt Bauman; tradução, Plínio Dentzien. Rio de janeiro: Jorge Zahar Ed., 2001, p. 34.

[2] Ibidem, p. 33.

[3] Ibidem, p. 55.

[4] MISSAL ROMANO. Apud Prefácio da santíssima Eucaristia I, 2ª ed., São Paulo, Paulus, 1991, p. 439.

[5] JOÃO PAULO II, Papa São. Carta Encíclica Ecclesia de Eucharistia, n. 3, p. 8.

[6] JOÃO PAULO II, Papa São. Carta Encíclica Ecclesia de Eucharistia, n. 31, p. 30.

[7] BAUMAN, Zygmunt. Modernidade Líquida. Zygmunt Bauman; tradução, Plínio Dentzien. Rio de Janeiro: Jorge Zahar Ed., 2001, p. 33.

[8] PASCHOTTE, Afonso, C.Ss.R. Santo Afonso e a Eucaristia. Caderno Redentorista, 10. Espiritualidade Redentorista, 1998, p. 22.

[9] TANNOIA, Antônio Maria. Apud REY-MERMET, Theodule. O Fundador. In: CHIOVARO, Francesco. História da Congregação do Santíssimo Redentor: As Origens (1732-1793). Francesco Chiovaro; traduzido por Domingos Sávio, Luiz Gonzaga Scudeler, Clóvis de Jesus Bovo, José Raimundo Vidigal. Aparecida, SP: Editora Santuário, 2019, p. 115.

[10] TANNOIA, Antônio Maria. Apud REY-MERMET, Theodule. O Fundador. In: CHIOVARO, Francesco. História da Congregação do Santíssimo Redentor: As Origens (1732-1793). Francesco Chiovaro; traduzido por Domingos Sávio, Luiz Gonzaga Scudeler, Clóvis de Jesus Bovo, José Raimundo Vidigal. Aparecida, SP: Editora Santuário, 2019, p. 115.

[11] LIGÓRIO, Santo Afonso Maria de. Opere Ascetiche, IV, 26. In: CHIOVARO, Francesco. História da Congregação do Santíssimo Redentor: As Origens (1732-1793). Francesco Chiovaro; traduzido por Domingos Sávio, Luiz Gonzaga Scudeler, Clóvis de Jesus Bovo, José Raimundo Vidigal. Aparecida, SP: Editora Santuário, 2019, p. 115.

[12] PASCHOTTE, Afonso, C.Ss.R. Santo Afonso e a Eucaristia. Caderno Redentorista, 10. Espiritualidade Redentorista, 1998, p. 22.

[13] Ibidem, p. 22.

[14] CRISÓSTOMO, São João. Apud LIGÓRIO, Santo Afonso Maria de. A prática do amor a Jesus Cristo. Santo Afonso Maria de Ligório; tradução Gervásio Fabri dos Anjos. 7ª ed. Aparecida, SP: Editora Santuário, 1996, p. 25.

[15] CONCÍLIO DE TRENTO, Sess. XIII, c. 2. Apud LIGÓRIO, Santo Afonso Maria de. A prática do amor a Jesus Cristo. Santo Afonso Maria de Ligório; tradução Gervásio Fabri dos Anjos. 7ª ed. Aparecida, SP: Editora Santuário, 1996, p. 25.

[16] SENA, São Bernardino de. Obra citada, sermo 54, in Coena Domini, a. 1, c. 1. Apud LIGÓRIO, Santo Afonso maria de. A prática do amor a Jesus Cristo. Santo Afonso Maria de Ligório; tradução Gervásio Fabri dos Anjos. 7ª ed. Aparecida, SP: Editora Santuário, 1996, p. 26.

[17] LIGÓRIO, Santo Afonso Maria de. A prática do amor a Jesus Cristo. Santo Afonso Maria de Ligório; tradução Gervásio Fabri dos Anjos. 7ª ed. Aparecida, SP: Editora Santuário, 1996, p. 26.

[18] BERNARDO, São. Sermo de excellentia SS. Sacramenti et dignitate sacerdotum, n. 10. ML 184-987. Apud LIGÓRIO, Santo Afonso Maria de. A prática do amor a Jesus Cristo. Santo Afonso Maria de Ligório; tradução Gervásio Fabri dos Anjos. 7ª ed. Aparecida, SP: Editora Santuário, 1996, p. 26.

[19] NÉRI, São Filipe. Apud LIGÓRIO, Santo Afonso Maria de. A prática do amor a Jesus Cristo. Santo Afonso Maria de Ligório; tradução Gervásio Fabri dos Anjos. 7ª ed. Aparecida, SP: Editora Santuário, 1996, p. 27.

[20] PASCHOTTE, Afonso, C.Ss.R. Santo Afonso e a Eucaristia. Caderno Redentorista, 10. Espiritualidade Redentorista, 1998, p. 23.

[21] Ibidem, 1998, p. 23.

[22] CHIOVARO, Francesco. História da Congregação do Santíssimo Redentor: As Origens (1732-1793). Francesco Chiovaro; traduzido por Domingos Sávio, Luiz Gonzaga Scudeler, Clóvis de Jesus Bovo, José Raimundo Vidigal. Aparecida, SP: Editora Santuário, 2019, p. 67.

[23] LIGÓRIO, Santo Afonso Maria de. Lettere, I, 253. Apud CHIOVARO, Francesco. História da Congregação do Santíssimo Redentor: As Origens (1732-1793). Francesco Chiovaro; traduzido por Domingos Sávio, Luiz Gonzaga Scudeler, Clóvis de Jesus Bovo, José Raimundo Vidigal. Aparecida, SP: Editora Santuário, 2019, p. 95.

[24] CHIOVARO, Francesco. História da Congregação do Santíssimo Redentor: As Origens (1732-1793). Francesco Chiovaro; traduzido por Domingos Sávio, Luiz Gonzaga Scudeler, Clóvis de Jesus Bovo, José Raimundo Vidigal. Aparecida, SP: Editora Santuário, 2019, p. 96.

[25] CHIOVARO, Francesco. História da Congregação do Santíssimo Redentor: As Origens (1732-1793). Francesco Chiovaro; traduzido por Domingos Sávio, Luiz Gonzaga Scudeler, Clóvis de Jesus Bovo, José Raimundo Vidigal. Aparecida, SP: Editora Santuário, 2019, p. 125.

[26] Misa y Oficio Atropelados, BAC II, 410. Apud PASCHOTTE, Afonso, C.Ss.R. Santo Afonso e a Eucaristia. Cadernos Redentoristas, 10. Espiritualidade Redentorista, 1998, p. 24.

[27] Ibidem, p. 24.

[28] PASCHOTTE, Afonso, C.Ss.R. Santo Afonso e a Eucaristia. Caderno Redentorista, 10. Espiritualidade Redentorista, 1998, p. 24.

[29] LIGÓRIO, Santo Afonso Maria de. A prática do amor a Jesus Cristo. Santo Afonso Maria de Ligório; tradução Gervásio Fabri dos Anjos. 7ª ed. Aparecida, SP: Editora Santuário, 1996, p. 30.

[30] LIGÓRIO, Santo Afonso Maria de. A prática do amor a Jesus Cristo. Santo Afonso Maria de Ligório; tradução Gervásio Fabri dos Anjos. 7ª ed. Aparecida, SP: Editora Santuário, 1996, p. 30.

[31] SALES, São Francisco de. Introdução à vida devota, p. 2. C. 21. Apud LIGÓRIO, Santo Afonso Maria de. A prática do amor a Jesus Cristo. Santo Afonso Maria de Ligório; tradução Gervásio Fabri dos Anjos. 7ª ed. Aparecida, SP: Editora Santuário, 1996, p. 30.

[32] CRISÓSTOMO, São João. Hom. 61 ad populum antiochenum. MG 59-260. Apud LIGÓRIO, Santo Afonso Maria de. A prática do amor a Jesus Cristo. Santo Afonso Maria de Ligório; tradução Gervásio Fabri dos Anjos. 7ª ed. Aparecida, SP: Editora Santuário, 1996, p. 30.

[33] SENA, São Bernardino de. Obra citada, sermo 54, a. 4, c. 1. Apud LIGÓRIO, Santo Afonso Maria de. A prática do amor a Jesus Cristo. Santo Afonso Maria de Ligório; tradução Gervásio Fabri dos Anjos. 7ª ed. Aparecida, SP: Editora Santuário, 1996, p. 30.

[34] LIGÓRIO, Santo Afonso Maria de. A prática do amor a Jesus Cristo. Santo Afonso Maria de Ligório; tradução Gervásio Fabri dos Anjos. 7ª ed. Aparecida, SP: Editora Santuário, 1996, p. 31.

[35] Ibidem, p. 31.

[36] LIGÓRIO, Santo Afonso Maria de. A prática do amor a Jesus Cristo. Santo Afonso Maria de Ligório; tradução Gervásio Fabri dos Anjos. 7ª ed. Aparecida, SP: Editora Santuário, 1996, p. 31.

[37] SALES, São Francisco de. Introdução à Vida Devota, p. 2, c. 21. Apud LIGÓRIO, Santo Afonso Maria de. A prática do amor a Jesus Cristo. Santo Afonso Maria de Ligório; tradução Gervásio Fabri dos Anjos. 7ª ed. Aparecida, SP: Editora Santuário, 1996, p. 31.

[38] LIGÓRIO, Santo Afonso Maria de. A prática do amor a Jesus Cristo. Santo Afonso Maria de Ligório; tradução Gervásio Fabri dos Anjos. 7ª ed. Aparecida, SP: Editora Santuário, 1996, p. 31.

[39] AREOPAGITA, Dionísio. De eclesiástica hierarchia, c. 3. MG 3-423. Apud LIGÓRIO, Santo Afonso Maria de. A prática do amor a Jesus Cristo. Santo Afonso Maria de Ligório; tradução Gervásio Fabri dos Anjos. 7ª ed. Aparecida, SP: Editora Santuário, 1996, p. 31.

[40] FERRER, São Vicente. O. P. Serm. Aestivales, Venetiis, 1573. In die santo Paschae, sermo 2, fol. 7, a tergo. Apud LIGÓRIO, Santo Afonso Maria de. A prática do amor a Jesus Cristo. Santo Afonso Maria de Ligório; tradução Gervásio Fabri dos Anjos. 7ª ed. Aparecida, SP: Editora Santuário, 1996, p. 32.

[41] CONCÍLIO DE TRENTO, Sess XIII, c. 2. Apud LIGÓRIO, Santo Afonso Maria de. A prática do amor a Jesus Cristo. Santo Afonso Maria de Ligório; tradução Gervásio Fabri dos Anjos. 7ª ed. Aparecida, SP: Editora Santuário, 1996, p. 32.

[42] INOCÊNCIO III. De sacro Altaris mysterio libri sex, 1.4, c. 44. ML 217-885. Apud LIGÓRIO, Santo Afonso Maria de. A prática do amor a Jesus Cristo. Santo Afonso Maria de Ligório; tradução Gervásio Fabri dos Anjos. 7ª ed. Aparecida, SP: Editora Santuário, 1996, p. 32.

[43] CRISÓSTOMO, São João. De Poenitentia, hom. 9: MG 499-345; In Ioannem, hom. 46, n. 3: MG 59-260,261. Apud LIGÓRIO, Santo Afonso Maria de. A prática do amor a Jesus Cristo. Santo Afonso Maria de Ligório; tradução Gervásio Fabri dos Anjos. 7ª ed. Aparecida, SP: Editora Santuário, 1996, p. 33.

[44] BOAVENTURA, São. De profectu Relig., entre as obras de S. Boaventura, Laugduni 1668, vol. VII, p. 612. Apud LIGÓRIO, Santo Afonso Maria de. A prática do amor a Jesus Cristo. Santo Afonso Maria de Ligório; tradução Gervásio Fabri dos Anjos. 7ª ed. Aparecida, SP: Editora Santuário, 1996, p. 34.

[45] SALES, São Francisco de. Introdução à Vida Devota, p. 2, c. 21. Apud LIGÓRIO, Santo Afonso Maria de. A prática do amor a Jesus Cristo. Santo Afonso Maria de Ligório; tradução Gervásio Fabri dos Anjos. 7ª ed. Aparecida, SP: Editora Santuário, 1996, p. 34.

[46] LIGÓRIO, Santo Afonso Maria de. A prática do amor a Jesus Cristo. Santo Afonso Maria de Ligório; tradução Gervásio Fabri dos Anjos. 7ª ed. Aparecida, SP: Editora Santuário, 1996, p. 34.

[47] MATILDE, Santa. Sentimento de Sta. Matilde, mencionados por Luís Blósio, Conclave anime fidelis, p. c. 6, n. 6. Apud LIGÓRIO, Santo Afonso Maria de. A prática do amor a Jesus Cristo. Santo Afonso Maria de Ligório; tradução Gervásio Fabri dos Anjos. 7ª ed. Aparecida, SP: Editora Santuário, 1996, p. 34.

[48] PASCHOTTE, Afonso, C.Ss.R. Santo Afonso e a Eucaristia. Caderno Redentorista, 10. Espiritualidade Redentorista, 1998, p. 25.

[49] PASCHOTTE, Afonso, C.Ss.R. Santo Afonso e a Eucaristia. Caderno Redentorista, 10. Espiritualidade Redentorista, 1998, p. 25.

[50] Ibidem, p. 26.

[51] PASCHOTTE, Afonso, C.Ss.R. Santo Afonso e a Eucaristia. Caderno Redentorista, 10. Espiritualidade Redentorista, 1998, p. 26.

Sobre os Mistérios da Cruz e da Paixão de Jesus Cristo

Após termos refletido sobre a Eucaristia como prática de amor de Jesus por nós, passaremos a refletir a respeito de uma outra prova ou demonstração de seu amor: a Cruz. No altar da Eucaristia, Jesus se ofereceu como comida e bebida para nos sustentar (cf. Lc 22,14-20). No altar da Cruz, Jesus, o imaculado Cordeiro de Deus – *Agnus Dei qui tollis peccáta mundi* –, foi imolado, e seu sangue derramado nos redimiu. Aceitando ele ser na cruz pregado, não como um perigoso criminoso, mas como vítima de reconciliação, que nos faz voltar à graça de Deus, deu-se a si mesmo como verdadeira oferta a Deus, movido por um enorme sentimento de amor por nós. Diz o Evangelista São João: *"Antes da festa da Páscoa, Jesus sabia que tinha chegado sua hora. A hora de passar deste mundo para o Pai. Ele, que tinha amado os seus que estavam no mundo, amou-os até o fim"* (Jo 13,1). Por este tão sublime gesto de amor, louvado seja o Senhor Deus de amor e de poder por ter nos mandado seu Filho Primogênito, Jesus Cristo, para libertar e salvar toda a humanidade (cf. Lc 1,26-38).

Jesus é mestre e modelo para a humanidade, que busca a reconciliação, não por meio do castigo ou da punição, mas pelos meios pacificados no amor que vemos abundantemente derramado na Cruz de Jesus Redentor. Que todos nós, a exemplo de Maria, a Mãe da divina misericórdia, junto à cruz, humildemente, tomemos consciência de nossos pecados e de que nós somos filhos e filhas da aliança. Custamos muito caro para Deus. Cada um de nós custa o sangue de Jesus, derramado na cruz. Nosso resgate não foi pago com ouro nem prata; foi pago com sangue. Que a cruz, de nosso Senhor Jesus Cristo, que um dia foi plantada em cima do Gólgota (cf. Jo 19,17) – *"Lugar da Caveira"* –, quebre nosso orgulho e nos faça imitar a misericórdia de Jesus, repartindo o pão com nossos irmãos e nossas irmãs mais necessitados (cf. Mt 25,31-46). Que a cruz de Cristo corrija nossos vícios, eleve nossos sentimentos, fortifique nosso espírito fraterno, liberte-nos do egoísmo, das paixões desordenadas e do apego às coisas da terra, para que um dia alcancemos, a exemplo de nossos santos e nossas santas, a eterna recompensa. Isto é, nossa Redenção.

O Prefácio da Paixão do Senhor I nos diz claramente que:

> *"O universo inteiro, salvo pela Paixão de vosso Filho, pode proclamar vossa misericórdia. Pelo poder radiante da Cruz, vemos com clareza o julgamento do mundo e a vitória de Jesus crucificado". (Prefácio da Paixão do Senhor, I)*

Com a mesma maestria e clareza, o Prefácio da Paixão do Senhor II nos assevera que:

> *"A Paixão de Jesus é salvadora e muito gloriosa. No altar da Cruz nós celebramos com fervor a vitória de Jesus – Agnus Dei qui tollis peccáta mundi – sobre o antigo inimigo e, assim, entramos no mistério de nossa Redenção". (Prefácio da Paixão do Senhor, II)*

A Cruz faz parte do quarteto da espiritualidade afonsiana. A Cruz, bem como a Encarnação do Verbo de Deus – *Presépio* –, e a Eucaristia – *centro e vértice da vida cristã* – têm como raiz o amor. A espiritualidade da Cruz é Redentora, isto é, a Cruz é um dos caminhos que o Senhor, nosso Deus, utiliza para nos salvar. A visita-adoração da Santa Cruz muito nos ajuda a compreender a prática do amor sem medida de Jesus Cristo por nós. Quando fazemos nossa visita-adoração à Santa Cruz, contemplamos Jesus Cristo – *Agnus Dei qui tollis peccáta mundi –,* como doação-entrega, ou seja, Cristo, que faz algo por nós, movido, tão somente, por um grande amor. Infelizmente, na atualidade fluida, há aqueles que fazem uma releitura errônea da morte de Jesus na Cruz.

A Cruz não nos revela ou nos anuncia o desamor de Deus por seu único Filho. A Cruz não nos revela um Deus impiedoso que exalta o sacrifício extremo. A Cruz é um grito de basta a todas as situações que geram um poder alienante, que escraviza e mata. Ao contrário do que se pensa, a espiritualidade da Cruz, particularmente, segundo a espiritualidade afonsiana, é o tempo e o espaço em que o

Deus-Amor, que nos ama sem medida, revela-se a cada um de nós. Segundo o Documento da Comissão Teológica Internacional, *"Jesus crucificado mostra até que ponto Deus nos ama e proclama que neste gesto de amor um homem disse sim incondicionalmente aos caminhos de Deus".*[1] A releitura da Cruz de Cristo faz-se necessária para que possamos perceber que a Cruz não é um castigo, uma punição, um desinteresse de Deus pelo gênero humano propriamente dito, mas uma escolha, uma prática visualizada, radiografada do amor de Jesus por nós. Um amor que o levou ao mais extremo dos aniquilamentos: a Cruz. No altar da Cruz, Jesus perdeu, até mesmo, sua aparência, sua beleza e sua simpatia. Na Cruz Jesus foi extremamente desprezado (cf. Is 53,2b-3).

Santo Afonso, desde muito cedo, aprendeu a amar a Cruz. Seu amor e sua devoção pela Paixão de Cristo, a Cruz, ele herdou, primeiramente, da tradição familiar. Seus biógrafos são unanimes em afirmar que, frequentemente, Santo Afonso fazia uso de seus próprios livros para meditar sobre a Paixão de Jesus. Sabe-se também que ele publicou, de 1728 até 1775, dezessete obras a respeito da Cruz de Jesus. Seus livros a esse respeito são verdadeiros diários espirituais. Recorda-nos o padre Flávio Cavalca de Castro que *"todas as sextas-feiras, menos no advento, após a meditação da manhã, Santo Afonso e seus redentoristas percorriam os 'Degraus da Paixão'. Isto é, meditavam, durante toda a tarde, sobre a Paixão de Jesus".*[2] Ele informa-nos também que *"o modo de Santo Afonso falar sobre a Paixão é realista e dramático. Em uma de suas apresentações – a Predica della passione di Gesù Cristo, 1772 –, ele tratou da Paixão como se fosse um drama em três atos divididos em três cenários (Horto, Pretório, Calvário); ao tratar dos pormenores da Cruz, chegava a ser chocante, apaixonado, sentimental e repetitivo".*[3]

O que pretendia o dramaturgo Santo Afonso com toda essa sua dramaturgia entorno da Cruz de Cristo? Queria ele ressaltar o sofrimento? Queria ele aterrorizar seus ouvintes? Não. Absolutamente não. O que Santo Afonso queria com tudo isso outra coisa não era, senão, segundo o padre Flávio Cavalca de Castro, *"comover e despertar em seus ouvintes atitude de compaixão, amor e gratidão, que levem a uma atitude de conversão e perseverança".*[4] Santo Afonso sempre dizia a seus companheiros redentoristas, pregadores, *"que a conversão, motivada pelo medo, não é duradoura"*.[5] Ao pregar sobre o mistério da Cruz de Jesus, Santo Afonso ressaltava as chagas, o sangue, o corpo retorcido e uma infinidade de setas lançadas em todas as direções. Todas essas imagens elencadas significavam, e ainda continuam significando, práticas do amor de Jesus por nós. Cada ferimento é para Santo Afonso uma declaração de amor de Jesus, o *Ágnus Dei*, que se ofereceu de uma vez por todas para a remissão de nossos pecados. Santo Afonso, quando fala da Cruz, fala com simplicidade e objetividade para melhor poder ser compreendido. No entanto sua linguagem teológica e espiritual pode nos chocar profundamente. Vejamos:

> *"Eis que finalmente Pilatos, depois de tantas vezes ter proclamado a inocência de Jesus, novamente a declara... E, depois disso, pronuncia a sentença condenando-o à morte. Ó injustiça jamais vista no mundo! Ao mesmo tempo que o juiz declara inocente o acusado, ele o condena! Ah, meu Jesus, não mereceis a morte, eu sim a mereço. Uma vez que quereis por mim satisfazer, já não é Pilatos, mas sim nosso próprio Pai que justamente vos condena a pagar a pena por mim devida. Eu vos amo, Eterno Pai, que condenastes vosso filho inocente para libertar a mim, que sou réu. Eu vos amo, Eterno Filho, que aceitais a morte merecida por mim pecador".*[6]

Ainda, nos dizeres de Santo Afonso, Jesus ofereceu-se para pagar, com seu sangue derramado na Cruz, nossos pecados. Diz Santo Afonso que *"Jesus buscou consolo junto ao Pai. Mas o Eterno Pai, vendo o Filho coberto com as vestes de pecador, disse: 'Não, Filho, não te posso consolar agora que está satisfazendo minha justiça por todos os pecados dos homens; convém que eu ainda te abandone às penas e te deixe morrer sem conforto'"*.[7]

Ele continua nos instruindo acerca da condenação de Jesus na Cruz pelo Eterno Pai: *"Se o eterno Pai pudesse sofrer, quanto teria sofrido ao se ver levado por sua justiça a condenar esse Filho, que amava tanto quanto a si mesmo, a uma morte tão cruel e cercada de tantos opróbrios... Imaginai o Pai eterno com Jesus nos braços:*

'Homens, este é meu Filho dileto... que eu quis ver maltratado por causa de vossos crimes... Isto eu fiz para que me ameis'".[8]

Jesus, em obediência ao Pai e transbordando de amor por nós, pecadores, dá-se totalmente na Cruz. Em cima do altar da Cruz, observa e resgata, com seu sangue, o homem perdido por causa do pecado. Para a espiritualidade afonsiana, na Cruz, podemos, também, ser envolvidos pela *Copiosa Apud Eum Redemptio*. Por amor, tão somente por amor, o Pai mandou o Filho para satisfazer por nós, pecadores, na Cruz. O texto introdutório da Solenidade da Exaltação da Santa Cruz diz o seguinte: *"A Cruz, sinal do mais terrível entre os suplícios, é para o cristão a árvore da vida, o tálamo, o trono, o altar da nova aliança. De Cristo, novo Adão adormecido na Cruz, jorrou o admirável sacramento de toda a Igreja. A Cruz é o sinal do senhorio de Cristo sobre os que no Batismo são configurados a ele na morte e na glória (cf. Rm 6,5). Na tradição dos padres, a Cruz é o sinal do Filho do Homem que comparecerá no fim dos tempos (cf. Mt 24,30)"*.[9]

Diante dos fatos mencionados, somos todos concordes que Jesus Cristo, por sua Paixão e Morte de Cruz (cf. Jo 19,17-18), merece ser amado por todos nós. Diz Santo Afonso: *"Toda a santidade e toda a perfeição de uma pessoa consiste em amar a Jesus Cristo, nosso Deus, nosso maior bem, nosso salvador. Jesus Cristo mesmo disse: 'Quem me ama será amado por meu Pai'* (Jo 16,27)".[10] A caridade é importante. Entretanto lembra-nos Santo Afonso que *"a pessoa que ama a Deus aprende desse amor a evitar o que lhe desagrada e a fazer tudo o que lhe agrada"*.[11] Sendo assim, Deus merece todo o nosso amor. Não é mesmo? Ele mesmo nos amou com um amor eterno: *"Amo-te com um amor eterno"* (Jr 31,3). Deus nos ama desde muito antes de nossa concepção. O mundo não existia, e Deus já nos amava. Deus nos amou primeiro. Deus amou-nos desde a eternidade.

Por isso, é justo que nós também o amemos. A Encarnação do Verbo de Deus – *Presépio* –, a Eucaristia e a Cruz são laços de amor que nos prendem fortemente. Deus, movido por um sentimento de amor, fez-nos homem e mulher a sua imagem e semelhança (cf. Gn 1,26-29). Deus, por amor, dotou-nos de alma, potências perfeitas, memória, entendimento e vontade. Deus nos deu um corpo com sentido. O céu, a terra e tantas outras coisas foram criadas por Deus por amor a cada um de nós. Diz

Santo Afonso: *"Deus criou céu, estrelas, terra, plantas, mares, rios, fontes, montanhas, metais e tantas espécies de animais para o homem e quer que este homem o ame em agradecimento por tantos dons".*[12] A esse respeito exclama Santo Agostinho: *"O céu e a terra e todas as coisas me dizem que eu devo amar-vos. Senhor meu, todas as coisas que vejo na terra e acima da terra me falam e me exortam a vos amar. Todas me dizem que as fizestes por meu amor".*[13] Deus não se apegou nem poupou seu próprio Filho. Como ele não nos dará com ele todas as coisas? (cf. Rm 8,32)

Nos dizeres de Santo Afonso *"o Filho de Deus, pelo amor que nos tem, deu-se também a nós: 'Amou-nos e se entregou a si mesmo por nós' (Gl 2,20). Fez-se homem, vestiu-se de carne, como nós. 'O Verbo se fez carne' (Jo 1,14) para nos remir da morte eterna, recuperar-nos a graça divina, o paraíso perdido. Eis aqui um Deus aniquilado! 'Esvaziou-se a si mesmo e assumiu a condição de servo tomando a semelhança humana' (Fl 2,7). O Senhor do mundo humilhou-se até tomar a forma de servo. Sujeita-se a todas as misérias de que os homens padecem".*[14]

Para nos salvar, precisava Jesus sofrer o tanto que sofreu? Ele não poderia ter-nos salvado sem a necessidade de ter passado pelo suplício da Cruz? Sim. Poderia. Mas Deus quis que Jesus, seu único Filho, não só fosse obediente até a morte, mas que ele morresse morte de Cruz. Recorda-nos Santo Afonso que Deus *"escolheu uma vida de aflições e desprezos e uma morte cruel e vergonhosa. Por isso, Jesus morreu numa Cruz, destinada aos criminosos: "Humilhou-se ainda mais e foi obediente até a morte, e morte de cruz"* (Fl 2,8).[15] Jesus podia remir-nos sem sofrer a morte de cruz. No entanto, ele desejou o suplício da cruz para demonstrar, de uma vez por todas, seu amor por nós: "Amou-nos e se entregou por nós" (Ef 5,2). Por amor, Jesus entregou-se nos braços da dor, da vergonha, da humilhação, do descaso, da indiferença e, por fim, não menos importante, segundo Santo Afonso, *"nos braços da morte mais dolorosa que algum homem já suportou na terra".*[16]

O Apóstolo São Paulo, apaixonado por Jesus Cristo, diz com razão: *"A caridade de Cristo nos constrange"* (2Cor 5,14). Ao nos dizer isso, ele está se referindo ao amor de Jesus por nós. Para o Apóstolo, os sofrimentos de Jesus na Cruz são práticas e demonstrações, irrefutáveis, de amor a cada um de nós. Os sofrimentos de Jesus na Cruz nos obrigam a amá-lo. Como não amá-lo? Como podemos continuar desprezando a Cruz de Jesus ou achando que ela nada mais é do que uma mera alegoria? A Cruz de Jesus é real. Diz São Francisco de Sales: *"Jesus Cristo, verdadeiro Deus, amou-nos até sofrer por nós a morte na cruz (...). Por que não abraçamos Jesus Cristo Crucificado para morrer na cruz com ele? Ele quis morrer nela por nosso amor. Eu o abraçarei. Não o abandonarei jamais. Morrerei com ele. Abrasar-me-ei nas chamas de seu amor (...)".*[17]

Jesus batizou nas águas do Rio Jordão (cf. Mt 3,13-17) e, posteriormente, batizou-se em seu próprio sangue no altar da Cruz (cf. Jo 19,17-18), que é uma declaração pública de seu amor por nós. Ele quis que seu amor por nós fosse conhecido pelo suplício da Cruz. São João fala daquela noite em que Jesus Cristo começou sua paixão: *"Sabendo que chegara sua hora de passar deste mundo para o Pai, tendo amado os seus que estavam no mundo, amou-os até o fim"* (Jo 13,1). Lembra-nos Santo Afonso que *"O Redentor chamava aquela hora de "sua hora" porque o tempo de sua morte era o tempo desejado por ele. Queria dar aos homens a última prova de amor, morrendo por eles numa cruz, consumido de dores".*[18] Foi o amor de Jesus por nós que o levou ao flagelo, que o levou a morrer em uma cruz no meio de dois criminosos e o expôs à vergonha pública. Diz São Bernardo que na cruz o *"amor esqueceu sua dignidade".*[19] O amor de Jesus por nós na Cruz beira a loucura. O amor enfrenta tudo e todos para atrair a pessoa que ama. O amor de Jesus, que transborda da Cruz por nós, é um amor sem medida. É simplesmente uma loucura.

O amor, quando quer ser conhecido, não economiza palavras e gestos. O amor é um sentimento persistente. Ele leva o amado a cometer atos que a razão desconhece. O que vemos na Cruz de Jesus? A caridade? A ternura? Não. O que vemos na Cruz de Jesus é o amor extremado. Na Cruz de Jesus, vemos o Deus onipotente fora de si, por amor a nós. Acerca da Cruz dizia São Lourenço Justiniano: *"Vimos a própria sabedoria, o Verbo Eterno enlouquecido por excessivo amor pelos homens".*[20] Santa Maria Madalena de Pazzi, diante da Cruz de Jesus, exclamava admirada: *"Sim, Jesus, vós estais louco de amor. Eu digo, e sempre direi, estais louco de amor".*[21] No entanto, dizia Dionísio Areopagita: *"Não, não é uma loucura. O amor de Deus tem como efeito fazer sair fora de si aquele que ama, e se dar inteiramente à pessoa amada".*[22]

Infelizmente, na atualidade fluida em que vivemos, plena de desejos narcisísticos, não consideramos, pelo menos o quanto deveria ser considerado, o afeto de Jesus crucificado por nós. A Cruz para muitos cristãos tornou-se um mero enfeite ou um objeto decorativo. Uma ilustração e não mais um ato de amor sem medida de Jesus por nós. Olhamos para a Cruz de Jesus e não nos sentimos mais abrasados por nosso Redentor. Preferimos estar presos em nós mesmos, em nosso querer a estar *"unidos a Deus com cadeias de amor"*.[23] São Boaventura não cansava de dizer que *"as chagas de Jesus Cristo ferem os corações mais duros e aquecem as almas mais frias"*.[24] Ainda, diante da Cruz de Jesus, ele, tomado de muita emoção, dizia incessantemente: *"Quantas flechas de amor saem dessas chagas e ferem os corações mais insensíveis! Quantas chamas saem do Coração ardente de Cristo e aquecem os corações mais frios! Quantas cadeias saem do lado ferido e prendem os corações mais endurecidos"*.[25]

Quanto amor de Jesus por nós na Cruz! Quanto amor de nosso querido Redentor! São João de Ávila, homem tomado de amor por Jesus crucificado, em suas pregações, não deixava nunca de falar do amor de Cristo por nós com as seguintes palavras: *"Vós, Redentor, amastes o homem de tal modo que quem considerar este amor não pode deixar de vos amar. Vosso amor faz violência aos corações; como diz São Paulo: 'O amor de Cristo nos constrange!' A origem do amor de Jesus Cristo para com os homens é sua caridade para com Deus. Ele mesmo o disse a seus discípulos na Quinta-feira Santa: 'Para que o mundo saiba que amo o Pai: levantai-vos e vamos'. Mas para onde? Morrer pelos homens, na cruz"!*[26]

Não há abaixo do sol inteligência que seja capaz de compreender, em sua plenitude, o sofrimento e a morte de Jesus no altar da Cruz. É difícil explicar com palavras os atos ou as atitudes do amor. O amor é sempre um fogo abrasador que tudo consome e revigora. O amor exigiu que Jesus morresse por todos nós. Mas, se fosse para morrer por uma única pessoa, Jesus o faria do mesmo jeito. Durante três horas, Ele agonizou no madeiro. No entanto, se fosse preciso lá permanecer até o dia do juízo final, por causa de seu amor incondicional por nós, pecadores, ele teria ficado. Até porque o amor nele era abundante e inesgotável. Lembra-nos Santo Afonso que *"Jesus Cristo amou muito mais do que sofreu"*.[27]

Diante da Cruz de Jesus, sempre muito emocionado, dizia Santo Afonso: *"Ó Amor Divino, fostes maior do que exteriormente vos mostrastes (...) Tantas chagas e feridas nos falam de um grande amor. Mas não dizem tudo de sua grandeza. Interiormente fostes maior do que exteriormente vos manifestastes: vossas dores físicas foram, apenas, uma faísca que saiu daquela grande fornalha de imenso amor".*[28]

Quando estamos unidos com Jesus no altar da Cruz, conseguimos, mais facilmente, sair de nós mesmos. Junto do crucificado sentimos nosso coração afervorar-se. O amor de Jesus na Cruz é transformante. À luz dele muitos enfrentam, sem desespero, o martírio, alegram-se nele e sentem alívio nos sofrimentos. Outros, à luz da Cruz de Jesus, passeiam por brasas como se estivessem pisando caminhos cobertos de rosas. Para a pessoa unida a Jesus Cristo na Cruz, diz Santo Ambrósio, *"nenhuma coisa é mais consoladora e gloriosa do que trazer consigo os sinais de Jesus crucificado".*[29] Diante dos fatos elencados sobre o amor de Jesus por nós na Cruz, pergunto: Como podemos retribuir tamanha prova de amor? Como pagaremos tudo isso? Santo Afonso, tomado de um sentimento de extrema emoção, contemplava a Cruz de Jesus e, em lágrimas, dizia: *"Como vos pagarei, ó Cristo, esse vosso amor? É justo que sangue se pague com sangue. Seja eu banhado com esse sangue e cravado nessa cruz. Recebe-me também em teus braços, ó santa cruz. Alarga-te, coroa de espinhos, para que eu coloque em ti minha cabeça. Cravos, deixai as mãos inocentes de meu Senhor e transpassai meu coração de compaixão e amor".*[30]

São João de Ávila pregava com fervor a respeito da Cruz de Jesus dizendo com toda eloquência: *"Ó grande Amor, o que fizestes? Viestes para curar e me feristes? Viestes para me ensinar a viver e me tornastes semelhante a um louco? Ó sábia loucura, não viva mais eu sem vós! Senhor, quando vos vejo na cruz, tudo me convida a amar: o madeiro, vossa pessoa, as feridas de vosso corpo e principalmente vosso amor. Tudo me convida a vos amar e a não me esquecer mais de vós".*[31]

"Cristo morreu e ressuscitou para ser o Senhor dos mortos e dos vivos" (Rm 14,9). Com esse gesto, quis Jesus roubar os corações, estraçalhar os corações duros e inflamar o mundo com seu amor sem medidas. A Cruz de Jesus é arco e flexas de amor que ferem o nosso coração. Não recusemos

esse amor que emana da Cruz. Para aproveitarmos bem do amor de Jesus, que escorre do altar da Cruz, é preciso empregar de meios adequados que, segundo São Tomás de Aquino, são os seguintes: *"I) Recordar-se continuamente dos benefícios divinos, gerais e particulares. II) Considerar a infinita bondade de Deus, que está sempre nos fazendo o bem, sempre nos ama e procura ser amado por nós. III) Evitar com cuidado tudo o que o desagrada, por mínimo que seja. IV) Renunciar todos os bens sensíveis deste mundo: riquezas, honras e prazeres dos sentidos"*.[32]

O padre Thauler acrescenta: *"Meditar acerca da paixão de Jesus é um poderoso meio para obter o perfeito amor a Ele"*.[33] O Apóstolo São Paulo tinha razão em chamar de condenado aquele que não ama a Jesus Cristo: *"Se alguém não ama o Senhor, seja condenado"* (1Cor 16,22). São Boaventura diz: *"Se quereis progredir no amor de Deus, meditai todos os dias a Paixão do Senhor. Nada contribui tanto para a santidade das pessoas como a Paixão de Cristo"*.[34] E dizia São Bernardino de Bitis: *"Vale mais uma lágrima derramada ao lembrar da Paixão do que o jejum a pão e água em cada semana"*.[35] Lembra-nos Santo Afonso que *"São Francisco de Assis tornou-se um grande Santo com esse meio. Um dia, foi encontrado chorando e gritando em alta voz. Perguntaram-lhe o porquê"*.[36] Diante de seus colocutores disse o Santo o motivo de seus gritos e suas lágrimas com as seguintes palavras: *"Choro as dores e as humilhações de meu Senhor. O que mais me faz chorar é que os homens, por quem ele sofreu tanto, vivem esquecidos dele"*.[37] São Francisco de Assis, quando esteve doente, foi aconselhado por alguém a ler um livro piedoso. Ele respondeu: *"Meu livro é Jesus Crucificado"*.[38] Durante toda a sua vida São Francisco de Assis aconselhou seus confrades *"a pensar sempre na paixão de Jesus Cristo"*[39], diz São Boaventura. *"Quem não se enamora de Deus, vendo Cristo morto na cruz, não se abrasará jamais"*.[40] Diante da Cruz de Jesus, Santo Afonso, apaixonado e quase sentimental, orava piedosamente dizendo:

> *"Cordas que amarrastes a Jesus, prendei-me com Jesus. Espinhos que coroastes Jesus, feri-me de amor para com Jesus. Pregos que transpassastes Jesus, pregai-me na cruz de Jesus a fim de que eu viva e morra unido com Jesus. Sangue de Jesus, inebriai-me de santo amor. Morte de Jesus, fazei-me morrer a todo afeto terreno. Pés transpassados de*

meu Senhor, eu vos abraço; livrai-me do inferno que tenho merecido. Jesus no inferno não poderei vos amar, mas eu quero vos amar sempre. Querido Salvador, salvai-me, uni-me a vós e não permitais que eu vos perca"![41]

A Espiritualidade Redentorista, que brota do lenho da Cruz, não é uma apologia em favor do sofrimento e da desfiguração do ser humano. O que acontece no altar da Cruz é a prática do amor de Jesus por nós. Para nós, Redentoristas, a Cruz é um aqueduto que conduz até nós a Redenção. Ao contemplarmos a Cruz de Jesus, alimentamo-nos de seu amor e de sua misericórdia. Assim sendo, por estes e outros motivos, a Cruz ocupa um lugar relevante na vida espiritual redentorista. Santo Afonso, quando escreveu a respeito da grandiosidade da Cruz, chamou-a de locomotiva. E, de fato, ela o é. A Cruz consumia Santo Afonso. Diante dela, ele ficava emocionado e se deixava ser consumido por completo pelo amor de Deus, revelado na Paixão e Morte de Jesus na Cruz (cf. Jo 19,17-18). O Redentorista canadense, padre Raymond Corriveau, informa-nos que *"a Paixão de Jesus tornou-se um tema central da pregação de Santo Afonso. Ao dirigir as almas no confessionário, ensinava-lhes a meditar sobre a Paixão"*.[42]

Santo Afonso alimentava-se diariamente da Cruz de Jesus. Seu amor pela pessoa de Cristo e também pelas pessoas que ele encontrava ao longo de seu caminho missionário, principalmente as mais pobres e abandonadas, vinha da meditação que ele fazia dos Evangelhos. Vinha também dos livros que ele lia a respeito da Paixão de Jesus e da Via--Sacra que fazia diariamente. O padre Raymond Corriveau conta-nos que em uma carta, referindo-se a seu livro Considerações e Afetos sobre a Paixão de Jesus Cristo (1761), Santo Afonso assim escreveu: *"Eu mesmo o uso todo dia. Recomendo-lhe não deixar passar nenhum dia sem recordar em sua mente ao menos alguma coisa da Paixão com o auxílio desse livro ou de um outro. A Paixão tem sido o contínuo objeto de meditação para os santos"*.[43] Santo Afonso, a exemplo do Apóstolo São Paulo, podemos assim dizer, estava crucificado com Cristo. Assim sendo, por si mesmo, Santo Afonso não vivia; era Cristo que nele vivia (cf. Gl 2,19-20). Sua devoção à Paixão e Morte de Jesus na Cruz era lúcida, esclarecedora e redentiva. Com eloquência, ele chamou seus

Redentoristas, segundo o padre Raymond Corriveau, *"a segui-lo nos passos de Cristo Redentor pregando a Boa-Nova do Reino de Deus aos mais pobres e abandonados"*.[44]

Durante toda a sua vida missionária, Santo Afonso pregou a respeito da Cruz como *Copiosa Apud Eum Redemptio.* Em uma carta sobre o modo de pregar, Santo Afonso assim escreveu: *"Peço-lhe que fale muitas vezes sobre o amor que Jesus Cristo teve para conosco em sua Paixão e na instituição da Eucaristia; e sobre o amor que devemos ter para com este muito amado Redentor, recordando com frequência esses dois grandes mistérios de amor (...). Em nossas missões, especialmente nos três últimos dias, devemos falar somente da Paixão do Redentor, a fim de prender as almas a Jesus"*.[45]

Para Santo Afonso, a Cruz de Jesus não é sinal de fracasso. Mas, ao contrário, ela é a vitória da vida sobre a morte. Assim, a Cruz é para a Espiritualidade Redentorista uma via segura de salvação. O cruzeiro levantado no fim da missão, por exemplo, deve ser para o povo um memorial contínuo da Paixão e Morte de Jesus na Cruz por amor a nós. A Cruz é uma luz que se acende diante do pecador, mostrando-lhe o caminho da conversão. A Espiritualidade Redentorista nos ensina que a Paixão e Morte de Jesus na Cruz, segundo o padre Raymond Corriveau, *"é a revelação do amor salvífico de Deus"*.[46] A Espiritualidade Redentorista, sempre à luz dos ensinamentos de Santo Afonso, ensina-nos que Jesus na Cruz, nas palavras do padre Raymond Corriveau, *"é a prova do amor de um Deus por nós (...), e que na Cruz se manifesta o infinito amor e caridade para com os seres humanos. A Cruz revela um Deus compassivo no qual há copiosa redenção"*.[47] Santo Afonso, perdido de amor pela Cruz de Jesus, compôs hinos e escreveu várias obras falando explicitamente a respeito dela. Entre seus principais escritos estão:*"O Amor das Almas (1751); Meditações sobre a Paixão de Jesus Cristo para cada dia da semana (1754); Considerações e afetos sobre a Paixão de Jesus Cristo, explicados simplesmente como os Evangelhos os descrevem (1761); A Via-Sacra (1761); Quinze Meditações sobre a Paixão de Jesus Cristo (1766); Reflexões sobre a Paixão de Jesus Cristo (1773).*[48]

Informa-nos, uma vez mais, o padre Raymond Corriveau que,

"Baseando-se em textos como Jo 3,16; Jo 13,1; Rm 8,32; Gl 2,19-20; Fl 2,8; Ef 5,2; 2Cor 5,14, Santo Afonso descreve um Deus intensamente apaixonado, um Deus de ardentes desejos. Para ele, a Cruz proclama, e cada ferida proclama que Jesus nos ama com um amor infinito".[49]

O poder da Cruz de salvar é vivamente descrito na página inicial de sua obra *Reflexões sobre a Paixão de Jesus Cristo (1773).* Nas palavras do padre Raymond Corriveau, *"setas de amor partem das cinco chagas de Cristo na Cruz. No alto da página estão as palavras de Ef 5,2: 'Cristo nos amou e se entregou por nós'. E embaixo está uma frase de São Boaventura: 'As feridas de Jesus são setas que penetram os mais duros corações e inflamam as almas mais frias'".*[50]

A Espiritualidade Redentorista ensina-nos que o Cristo na Cruz, uma prova irrefutável do amor de Deus por nós, evoca-nos para dialogarmos com o amor e retribuir amor com amor. O Jesus na Cruz sempre, em qualquer época ou situação, revela o amor de Deus por nós. Deus, por sua vez, espera a resposta humana do amor. O crucifixo não é um enfeite ou uma peça decorativa. Ao contrário, é um livro que precisa ser lido por todos nós, cristãos, se quisermos aprofundarmo-nos em nossa espiritualidade e em nossa vida de oração. O crucifixo é eternamente o Mestre a nos ensinar sobre o amor de Jesus por todos nós. Só seremos realmente bons se nos alimentarmos do Deus bondade, que se revela na Cruz. Lembra-nos o padre Raymond Corriveau que *"Santo Afonso constantemente nos chama a responder a Cristo crucificado com a mente, o coração e a vontade, a fim de que a Paixão tenha em nós seu efeito transformador".*[51] Em sua obra: *O Amor das Almas*, Santo Afonso escreveu: *"Jesus crucificado é o livro que todos nós temos de ler constantemente. Se o fizermos, ele nos ensinará a ter um vivo temor do pecado. Ao mesmo tempo, inflamar-nos-á com o amor por um Deus tão cheio de amor por nós".*[52] O escândalo da Cruz é para nós cristãos a fonte inesgotável da *Copiosa Apud Eum Redemptio.*

Em *Açoites Cruéis* assim cantou Santo Afonso, transbordando de sentimentos apaixonados e apaixonantes por Jesus Cristo suspenso no lenho da Cruz:

Açoites cruéis, que a meu bom Senhor
a carne rasgastes com tanta dor!
Deixai meu Encanto; não sofra ele tanto!
Não deis mais tormentos a meu Redentor!
A mim só feri porque sou pecador!

Espinhos cruéis, que a meu bom Senhor
a fronte feristes com tanta dor!
Deixai meu Encanto; não sofra ele tanto!
Não deis mais tormentos a meu Redentor!
A mim só feri porque sou pecador!

Ó cravos sangrentos, que a meu bom Senhor
as mãos perfurastes com tanta dor!
Deixai meu Encanto, não sofra ele tanto!
Não deis mais tormentos a meu Redentor!
A mim só feri porque sou pecador!

Ó lança pungente, que a meu bom Senhor
o peito varastes com tanto furor!
Não deis novamente vosso golpe inclemente
No corpo sagrado do meu Redentor!
Traspassai minh'alma, pois sou pecador![53]

Santo Afonso, na chamada *Regula Grandi (Regula XII)*, à luz dos Evangelhos de Mt 10,32; Lc 12,50; Jo 12,32; e Mt 16,24, disserta a respeito de Jesus, que vai ao encontro da Cruz, abraça-a, coloca-a nos ombros e se dependura nela em obediência ao Pai e por saber que seu sangue derramado redimirá toda a humanidade perdida e desfigurada pelo pecado. Jesus, por amor a cada um de nós, abnegou de si mesmo e amou, de forma incondicional, a Cruz. Disse Jesus a seus discípulos: "*Se alguém quer me seguir, renuncie a si mesmo, tome sua cruz e me siga. Pois quem quiser salvar sua vida, vai perdê-la; mas quem perder sua vida, por causa de mim, vai encontrá-la*" (Mt 16,24-25). Santo Afonso, tomado de amor pela Cruz de Jesus, escreveu na *Regula Grandi, n. XII* que Jesus assim disse sobre a Cruz que o esperava:

"O amor que tive pela cruz não pode ser compreendido pela mente humana. Abracei-a com ternura desde o momento em que me foi destinado pela vontade do Pai no primeiro instante de minha Encarnação. Desde o início de tudo, eu amei profundamente a cruz e tudo o que ela me destinou. Quem quiser me seguir de coração, não com aparências externas, ame a vontade divina como eu a amei e ame a cruz como eu amei e amo. Meu amor pela cruz pode ser visto naquele momento em que eu não me afastei de Jerusalém. Mas, ao contrário, para ela eu corri tão rapidamente para que o grande sacrifício de amor pela humanidade fosse logo cumprido no altar da cruz. Meus discípulos me abandonaram pelo caminho. Mas eu fui violentamente levado para ser batizado com um batismo de sangue". "Quando eu deixei o praetorium de Pilatos, foi me apresentado o madeiro da cruz. Com ternura e abnegação, eu abracei-o e o coloquei sobre meus ombros com amor, e considerei aquele dia não como um dia de sofrimento, mas um dia de alegria e contentamento. Eu fui esticado no lenho da cruz, fui pregado e dependurado nele por três horas. Ali eu cumpri a vontade de meu Pai. Na cruz eu dei ao coração divino a maior honra e satisfação que ele poderia ter tido nesta terra. Na cruz eu quis atrair a mim todas as almas e sabia que, por esse caminho, todos viriam a mim quando me vissem exaltado na cruz (cf. Jo 12,32)." "Queridas almas, se vocês querem agradar ao eterno Pai, amem a cruz, abracem a cruz e fiquem contentes de se verem crucificados nela (...). Venham ser meu esposo (a) na cruz. Estejam sempre crucificados comigo. Tomem sua cruz, seja ela qual for, venham atrás de mim, eu vou na frente com minha cruz sempre mais pesada do que a sua. Lembrem-se: 'Quem não leva sua cruz e não me segue não é digno de mim' (Mt 10,38). No amor e por amor à cruz, a abnegação é necessária. Sabem que nos meus Evangelhos deixei a frase: 'Se alguém quer me seguir, renuncie a si mesmo, tome sua cruz e me siga' (Mt 16,24). Tem de ter coração para poder abnegar a si mesmo, abraçar a cruz para me seguir e me imitar. Sem coração nada podem fazer. A cruz nos ajuda a negar todo tipo de conforto e satisfações humanas e espirituais. E vocês? Vocês me amam? Vocês anseiam por mim? Se querem ser imitadores de mim, meus discípulos, neguem a si mesmos, sigam-me (cf. Mc 10,17-22) e encontrarão felicidade. Felicidade essa que só pode ser encontrada na cruz".[54]

A Espiritualidade Redentorista, sempre em sintonia com o pensamento de Santo Afonso, pede-nos que nos esforcemos para termos sempre anseio de fome de sofrer todo o tipo de dor, a exemplo de Jesus na Cruz, pelo amor de Deus. É junto da Cruz que nós somos educados para deixar de lado tudo aquilo que não é relevante e desagrada nossos sentidos, impedindo-nos de viver nosso batismo e nossa missão como Igreja em saída. A Cruz nos ensina a ter paciência na doença, no sofrimento, na dificuldade e em todos os tipos de desolação. A Cruz de Cristo é via de salvação. Aproximemo-nos todos da Cruz de Jesus. Que Ele seja glorificado eternamente por seu gesto de amor por nós, demonstrado na Cruz de onde emana abundantemente a *Copiosa Apud Eum Redemptio*.

Leituras bíblicas e questões para nos ajudar a orar

Mt 26,30-35; Mt 26,36-46; Mt 26,47-56; Mt 26,69-75; Mt 27,32-56; Mt 27,57-66; Mt 28,1-10.

1) Que valor e importância você tem dado à Cruz de Jesus?
2) Em sua vida espiritual tem o costume de meditar sobre a Paixão e Morte de Jesus ou esse é um tema reservado somente para a Quaresma?
3) Em tempos tão líquidos como o nosso, em que se investe muito no consumo de bens materiais, o que a Cruz de Jesus lhe ensina?
4) À luz da Cruz de Jesus, como você lida ou enfrenta os momentos do dia a dia?
5) Tem o hábito de fazer a Via-Sacra diariamente ou nas sextas-feiras, ou somente a faz na Quaresma?
6) A Cruz de Jesus faz parte de sua espiritualidade ordinária ou você a enxerga, tão somente, como um mero enfeite ou uma bonita peça decorativa?
7) Você consegue ver a Cruz de Jesus como fonte abundante da *Copiosa Apud Eum Redemptio* ou somente como aniquilamento?

[1] O DEUS REDENTOR, questões escolhidas. Documento da Comissão Teológica Internacional (Sedoc, vol. 29, n. 259, II, 10, p. 334-383). Apud CASTRO, Padre Flávio Cavalca de. C.Ss.R. Afonso e a Paixão de Cristo. Caderno de Espiritualidade Redentorista, 10, 1998, p. 31.

[2] CASTRO, Padre Flávio Cavalca de. C.Ss.R. Afonso e a Paixão de Cristo. Caderno de Espiritualidade Redentorista, 10, 1998, p. 32.

[3] Ibidem, p. 32

[4] CASTRO, Padre Flávio Cavalca de. C.Ss.R. Afonso e a Paixão de Cristo. Caderno de Espiritualidade Redentorista, 10, 1998, p. 32.

[5] LIGÓRIO. Santo Afonso Maria de. Apud CASTRO, Padre Flávio Cavalca de. C.Ss.R. Afonso e a Paixão de Cristo. Caderno de Espiritualidade Redentorista, 10, 1998, p. 32.

[6] LIGÓRIO, Santo Afonso Maria de. Quindici Meditazioni Sulla Passione di Gesù Cristo, meditação VIII,I. Dal farsi per 15 giorni cominciando dal sabato di passione sino ao sabato santo, Opere Ascetiche, vol. V, Roma, 1934. Apud CASTRO, Padre Flávio Cavalca de. C.Ss.R. Afonso e a Paixão de Cristo. Caderno de Espiritualidade Redentorista, 10, 1998, p. 33-34.

[7] LIGÓRIO, Santo Afonso Maria de. L'amore dell'anime cioè Riflessioni ed affetti sulla passione di Gesù Cristo, Opere Ascetiche, vol. V, Roma, 1934. Apud CASTRO, Padre Flávio Cavalca de. C.Ss.R. Afonso e a Paixão de Cristo. Caderno de Espiritualidade Redentorista, 10, 1998, p. 33-34.

[8] Ibidem, p. 34.

[9] MISSAL ROMANO. Solenidade da Exaltação da Santa Cruz. 2ª ed., São Paulo, Paulus, 1991, p. 655.

[10] LIGÓRIO, Santo Afonso Maria de. A prática do amor a Jesus Cristo. Santo Afonso Maria de Ligório; tradução Gervásio Fabri dos Anjos. 7ª ed. Aparecida, SP: Editora Santuário, 1996, p. 11.

[11] Ibidem, p. 11.

[12] Ibidem, p. 11.

[13] AGOSTINHO, Santo. Confissões, 1. 10, c. n. 8, ML 32-782. Apud LIGÓRIO, Santo Afonso Maria de. A prática do amor a Jesus Cristo. Santo Afonso Maria de Ligório; tradução Gervásio Fabri dos Anjos. 7ª ed. Aparecida, SP: Editora Santuário, 1996, p. 13.

[14] LIGÓRIO, Santo Afonso Maria de. A prática do amor a Jesus Cristo. Santo Afonso Maria de Ligório; tradução Gervásio Fabri dos Anjos. 7ª ed. Aparecida, SP: Editora Santuário, 1996, p. 15.

[15] Ibidem, p. 15.

[16] Ibidem, p. 15.

[17] SALES, São Francisco de. Apud LIGÓRIO, Santo Afonso Maria de. A prática do amor a Jesus Cristo. Santo Afonso Maria de Ligório; tradução Gervásio Fabri dos Anjos. 7ª ed. Aparecida, SP: Editora Santuário, 1996, p. 16.

[18] LIGÓRIO, Santo Afonso Maria de. A prática do amor a Jesus Cristo. Santo Afonso Maria de Ligório; tradução Gervásio Fabri dos Anjos. 7ª ed. Aparecida, SP: Editora Santuário, 1996, p. 17.

[19] BERNARDO, São. Tratatus de caritate, c. 6, n. 29: ML 184-599. In Cantica, Sermo 64, n. 10: ML 183-1088. Apud LIGÓRIO, Santo Afonso Maria de. A prática do amor a Jesus Cristo. Santo Afonso Maria de Ligório; tradução Gervásio Fabri dos Anjos. 7ª ed. Aparecida, SP: Editora Santuário, 1996, p. 17.

[20] JUSTINIANO, São Lourenço. Sermo in Nativ. Domini, n. 4. Apud LIGÓRIO, Santo Afonso Maria de. A prática do amor a Jesus Cristo. Santo Afonso Maria de Ligório; tradução Gervásio Fabri dos Anjos. 7ª ed. Aparecida, SP: Editora Santuário, 1996, p. 18.

[21] PAZZI, Santa Maria Madalena de. Cit. De Puccini, Vita, p. I, c. 11. Apud LIGÓRIO, Santo Afonso Maria de. A prática do amor a Jesus Cristo. Santo Afonso Maria de Ligório; tradução Gervásio Fabri dos Anjos. 7ª ed. Aparecida, SP: Editora Santuário, 1996, p. 18.

[22] AREOPAGITA, Dionísio. De divinis nominibus, c. 4 § XIII. MG 3-711. Apud LIGÓRIO, Santo Afonso Maria de; tradução Gervásio Fabri dos Anjos. 7ª ed. Aparecida, SP: Editora Santuário, 1996, p. 18.

[23] SALES, São Francisco de. Gallizia, Vita, 1.6, c. 2: Massime e detti spiritual, Massime pergli ecclesiastici, n. 5. Apud LIGÓRIO, Santo Afonso Maria de. A prática do amor a Jesus Cristo. Santo Afonso Maria de Ligório; tradução Gervásio Fabri dos Anjos. 7ª ed. Aparecida, SP: Editora Santuário, 1996, p. 18.

[24] BOAVENTURA, São. Stimulus amoris, p. 1, c. 1. Apud LIGÓRIO, Santo Afonso Maria de. A prática do amor a Jesus Cristo. Santo Afonso Maria de Ligório; tradução Gervásio Fabri dos Anjos. 7ª ed. Aparecida, SP: Editora Santuário, 1996, p. 18-19.

[25] Ibidem, p. 19.

[26] ÁVILA, São João. Apud LIGÓRIO, Santo Afonso Maria de. A prática do amor a Jesus Cristo. Santo Afonso Maria de Ligório; tradução Gervásio Fabri dos Anjos. 7ª ed. Aparecida, SP: Editora Santuário, 1996, p. 19.

[27] LIGÓRIO, Santo Afonso Maria de. A prática do amor a Jesus Cristo. Santo Afonso Maria de Ligório; tradução Gervásio Fabri dos Anjos. 7ª ed. Aparecida, SP: Editora Santuário, 1996, p. 20.

[28] Ibidem, p. 20.

[29] AMBRÓSIO, Santo. Apud LIGÓRIO, Santo Afonso Maria de. A prática do amor a Jesus Cristo. Santo Afonso Maria de Ligório; tradução Gervásio Fabri dos Anjos. 7ª ed. Aparecida, SP: Editora Santuário, 1996, p. 20.

[30] LIGÓRIO, Santo Afonso Maria de. A prática do amor a Jesus Cristo. Santo Afonso Maria de Ligório; tradução Gervásio Fabri dos Anjos. 7ª ed. Aparecida, SP: Editora Santuário, 1996, p. 20-21.

[31] ÁVILA, São João de. Apud LIGÓRIO, Santo Afonso Maria de. A prática do amor a Jesus Cristo. Santo Afonso Maria de Ligório; tradução Gervásio Fabri dos Anjos. 7ª ed. Aparecida, SP: Editora Santuário, 1996, p. 21-22.

[32] AQUINO, São Tomás de. Opusc. De Dilect. Dei, § 1. Apud LIGÓRIO, Santo Afonso Maria de. A prática do amor a Jesus Cristo. Santo Afonso Maria de Ligório; tradução Gervásio Fabri dos Anjos. 7ª ed. Aparecida, SP: Editora Santuário, 1996, p. 21-22.

[33] THAULER, J., O.P., Epístola 20: Sermões de Festis, Institutiones, cum Epistolis alíquota. Apud LIGÓRIO, Santo Afonso Maria de. A prática do amor a Jesus Cristo. Santo Afonso Maria de Ligório; tradução Gervásio Fabri dos Anjos. 7ª ed. Aparecida, SP: Editora Santuário, 1996, p. 22.

[34] BOAVENTURA, São. Stimulus amoris, p. I, c. 1. Apud LIGÓRIO, Santo Afonso Maria de. A prática do amor a Jesus Cristo. Santo Afonso Maria de Ligório; tradução Gervásio Fabri dos Anjos. 7ª ed. Aparecida, SP: Editora Santuário, 1996, p. 22.

[35] BUTIS, São Bernardino de. Rosarium sermonum per Quadragesiman, p. 2, s. 15. Apud LIGÓRIO, Santo Afonso Maria de. A prática do amor a Jesus Cristo. Santo Afonso Maria de Ligório; tradução Gervásio Fabri dos Anjos. 7ª ed. Aparecida, SP: Editora Santuário, 1996, p. 23.

[36] LIGÓRIO, Santo Afonso Maria de. A prática do amor a Jesus Cristo. Santo Afonso Maria de Ligório; tradução Gervásio Fabri dos Anjos. 7ª ed. Aparecida, SP: Editora Santuário, 1996, p. 23.

[37] ASSIS, São Francisco de. Apud LIGÓRIO, Santo Afonso Maria de. A prática do amor a Jesus Cristo. Santo Afonso Maria de Ligório; tradução Gervásio Fabri dos Anjos. 7ª ed. Aparecida, SP: Editora Santuário, 1996, p. 23.

[38] Ibidem, p. 23.

[39] BOAVENTURA, São. Legenda Sancti Francisci, c. 8, n. 6; c. 13, n. 3; c. 5, n. 8. Apud LIGÓRIO, Santo Afonso Maria de. A prática do amor a Jesus Cristo. Santo Afonso Maria de Ligório; tradução Gervásio Fabri dos Anjos. 7ª ed. Aparecida, SP: Editora Santuário, 1996, p. 23.

[40] TIEPOLO, Le considerazioni della Passione di N.S. Gesù Cristo, t. 10, Med. 37. Apud LIGÓRIO, Santo Afonso Maria de. A prática do amor a Jesus Cristo. Santo Afonso Maria de Ligório; tradução Gervásio Fabri dos Anjos. 7ª ed. Aparecida, SP: Editora Santuário, 1996, p. 23.

[41] LIGÓRIO, Santo Afonso Maria de. A prática do amor a Jesus Cristo. Santo Afonso Maria de Ligório; tradução Gervásio Fabri dos Anjos. 7ª ed. Aparecida, SP: Editora Santuário, 1996, p. 24.

[42] CORRIVEAU, Raymond, C.Ss.R. Paixão de Cristo. Apud WALES, Sean; BILLY, Dennis. Dicionário de Espiritualidade Redentorista. 1ª ed. Tradução, José Raimundo Vidigal. Goiânia: Scala Editora, 2012, p. 198.

[43] LIGÓRIO, Santo Afonso Maria de. Considerações e Afetos sobre a Paixão de Jesus Cristo (1761). Apud CORRIVEAU, Raymond, C.Ss.R. Paixão de Cristo. Apud WALES, Sean; BILLY, Dennis. Dicionário de Espiritualidade Redentorista. 1ª ed. Tradução, José Raimundo Vidigal. Goiânia: Scala Editora, 2012, p. 198.

[44] CORRIVEAU, Raymond, C.Ss.R. Paixão de Cristo. Apud WALES, Sean; BILLY, Dennis. Dicionário de Espiritualidade Redentorista. 1ª ed. Tradução, José Raimundo Vidigal. Goiânia: Scala Editora, 2012, p. 198.

[45] Ibidem, p. 198.

[46] CORRIVEAU, Raymond, C.Ss.R. Paixão de Cristo. Apud WALES, Sean; BILLY, Dennis. Dicionário de Espiritualidade Redentorista. 1ª ed. Tradução, José Raimundo Vidigal. Goiânia: Scala Editora, 2012, p. 199.

[47] Ibidem, p. 199.

[48] Ibidem, p. 199.

[49] Ibidem, 199.

[50] CORRIVEAU, Raymond, C.Ss.R. Paixão de Cristo. Apud WALES, Sean; BILLY, Dennis. Dicionário de Espiritualidade Redentorista. 1ª ed. Tradução, José Raimundo Vidigal. Goiânia: Scala Editora, 2012, p. 199.

[51] Ibidem, p. 199.

[52] LIGÓRIO, Santo Afonso Maria de. O Amor das Almas. Apud CORRIVEAU, Raymond. Paixão de Cristo. Apud WALES, Sean; BILLY, Dennis. Dicionário de Espiritualidade Redentorista. 1ª ed. Tradução, José Raimundo Vidigal. Goiânia: Scala Editora, 2012, p. 199.

[53] SANTO, POETA E MÚSICO: Afonso Maria de Ligório. "Tendo Amado os Seus. Amou-os até o fim". CERESP. Centro Redentorista de Espiritualidade. 1ª ed. Aparecida, SP: Editora Santuário, 2014, p. 33. (Coleção de cânticos de Santo Afonso).

[54] LIGÓRIO, Santo Afonso Maria de. Regula Grandi, n. XII. Apud Founding Texts of Redemptorists Early Rules and Allied Documents. Edited, Introduced, and Annotated by Carl Hoegeri, C.Ss.R. Collegio Sant'Afonso, Rome, 1986, p. 147.

Ó Maria, minha Mãe dulcíssima e Senhora

Após termos reflexionado sobre os Mistérios da Cruz e da Paixão de nosso Senhor Jesus Cristo, creio que seja oportuno e providencial que tratemos agora sobre a Santíssima Virgem Maria, nossa Mãe dulcíssima e Senhora. O Prefácio da Virgem Maria, I, ao abordar sobre a maternidade de Maria, diz: *"À sombra do Espírito Santo, ela concebeu o vosso Filho único e, permanecendo virgem, deu ao mundo a luz eterna, Jesus Cristo, Senhor nosso".*[1] O Prefácio da Virgem Maria, II, diz-nos o seguinte: *"Celebrando a memória da Virgem Maria, proclamamos ainda mais a vossa bondade, inspirando-nos no mesmo hino que ela cantou em vosso louvor".*[2] E, por sua vez, o Prefácio: Maria e a Igreja, rezado solenemente na Solenidade da Imaculada Conceição de Nossa Senhora, assim nos comunica:

> *"A fim de preparar vosso Filho mãe que fosse digna dele, preservastes a Virgem Maria da mancha do pecado original, enriquecendo-a com a plenitude de vossa graça. Nela, vós nos destes as primícias da Igreja, esposa de Cristo, sem ruga e sem mancha, resplandecente de beleza. Puríssima, na verdade, devia ser a Virgem que nos daria o Salvador, o Cordeiro sem mancha, que tira nossos pecados. Escolhida entre todas as mulheres, modelo de santidade e advogada nossa, ela intervém constantemente em favor de vosso povo".* (Prefácio: Maria e a Igreja)

São Papa Paulo VI assim escreveu a respeito da Santíssima Virgem Maria, a Mãe do divino e belo amor: *"Quando a liturgia volta seu olhar tanto para a Igreja primitiva como para a Igreja de nossos dias, ela sempre encontra Maria. Na Igreja primitiva, ela é vista rezando com os apóstolos; em nossos dias ela está ativamente presente, e a Igreja deseja viver o mistério de Cristo com ela: 'Fazei com vossa Igreja, que com Maria compartilhou a paixão de Cristo, seja digna de compartilhar também sua ressurreição'. Ela também é representada como uma voz de louvor em uníssono com a qual a Igreja deseja dar glória a Deus: '... com ela [Maria] possamos sempre louvar-vos'".*[3]

Maria, nossa Mãe dulcíssima e Senhora, é a medianeira entre Cristo e nós. Ela, *"essa Virgem Imaculada, foi por Deus colocada como esperança e refúgio de todos os remédios"*.[4] Santo Afonso Maria de Ligório foi um homem apaixonado pela Santíssima Virgem Maria. Diariamente, ele a visitava e sentia a mesma alegria e a mesma emoção como se estivesse vendo, pela primeira vez, a Santíssima Virgem Maria, a Mãe do divino e belo amor: Jesus. Contemplando a imagem de Maria, dizia Santo Afonso: *"Sabeis que, depois de Jesus, em vós, ó Maria, tenho colocado toda a esperança de minha eterna salvação"*.[5] Em um outro momento, diz Santo Afonso à Virgem Maria: *"Reconheço e confesso que toda a minha ventura, minha conversão, minha vocação para deixar o mundo e as demais graças de Deus recebidas, tudo me tem sido dado por vossa mediação"*.[6]

Ele exaltava Maria em público e em particular. Enquanto viveu, foi sempre muito agradecido pelos insignes benefícios que recebeu das mãos de Maria. *"Deus quer que pelas mãos de Maria nos cheguem todas as graças."*[7] Maria gerou, à sombra do Espírito Santo (cf. Lc 1,35), intrinsicamente, Jesus Cristo, a cabeça da Igreja (cf. Cl 1,18). *"Foi no alto do Calvário* (cf. Jo 19,25-27) *que Maria começou, de um modo particular, a ser Mãe de toda a Igreja."*[8] Maria é a medianeira entre Cristo e nós. É nossa bendita Mãe. Em todos os perigos, nós podemos recorrer a Maria para obtermos dela a salvação. Em Maria está a esperança da vida e da virtude (cf. Eclo 24,25): Jesus, nosso Redentor. Diz Santo Agostinho que *"todas as línguas dos homens não bastariam para exaltá-la, ainda que eles só línguas tivessem no corpo"*.[9] A Igreja, com justa razão, honra e quer que nós, seus filhos e suas filhas, também honremos a Santíssima Virgem Maria que foi elevada por Deus à dignidade de Mãe de Deus.

Infelizmente, muitos são os que gabam de amar a Maria. No entanto o amor deles é bem mesquinho e quase não se lembram de falar dela diariamente. Maria deve ser lembrada e celebrada sempre, em particular ou em público. Diz São Boaventura que *"têm o paraíso seguro todos os que anunciam as glórias de Maria".*[10] Confirma Ricardo de São Lourenço, dizendo: *"Venerar a Rainha dos anjos é adquirir a vida eterna; pois essa gratíssima Senhora saberá honrar na outra vida quem nesta a procurou celebrar".*[11] Bendito o devoto que tem Jesus e Maria como doces objetos de seu amor. Amemos sem limites a Jesus e sua dulcíssima Mãe e Senhora nossa. A verdadeira devoção à Santíssima Virgem Maria é a maior fortuna a que podemos aspirar e que podemos esperar. Que aos pés da Mãe suavíssima e de Jesus, seu muito amado Filho, possamos encontrar sempre o amparo e também todas as graças de que necessitamos para alcançar nossa salvação.

Maria foi elevada, por causa do querer de Deus, à dignidade de Mãe de Deus. Assim sendo, nossa confiança nela deve ser sempre ilimitada. Maria, a Mãe do Verbo Eterno, é também nossa Rainha. No entanto ela não é uma rainha soberana, ornada de poder, honra e glória. Maria é, pois, Rainha de Misericórdia. Ela é uma Rainha cheia de doçura e clemência. Maria é piedosa e cheia de clemência para com os mais pobres e abandonados. Os tiranos e os genocidas governam em vista de seus interesses pessoais e não em favor de seus vassalos. Maria não é assim, ela não é uma rainha justiceira, uma paladina da justiça. Ao contrário, é a Rainha de Misericórdia, *"inclinada só à piedade e ao perdão dos pecadores".*[12] Por suas mãos passam todas as misericórdias de que nós necessitamos. Lembra-nos Ernesto, Arcebispo de Praga, *"que o Eterno pai deu ao Filho o ofício de julgar e punir, e a Maria o ofício de socorrer e aliviar os miseráveis".*[13]

Maria é Rainha solícita, misericordiosa e cheia de ternura. Ela sempre intercede, junto a Deus Filho, pelos pobres pecadores que a ela recorrem. Assim sendo, *"não há pecador, nem o maior de todos, que se perca, se Maria o protege".*[14] Recorramos, pois, *"sempre à proteção desta dulcíssima Rainha de Misericórdia, se queremos seguramente salvar-nos".*[15] Bem-aventurados somos todos nós que vivemos sob a proteção da Santíssima Virgem Maria, a Rainha de Misericórdia. Quando estamos em perigo, no mar revolto das tentações, a Mãe destemida prontamente se joga nas águas revoltas e nos leva até o porto seguro. Ela nos salva do afogamento. Maria, Mãe amantíssima e piedosíssima, é o refúgio de todos nós que nos encontramos em perigo nesta vida. Maria enfrentará com bravura águas revoltas, ventos impetuosos, espadas afiadas e todos os tipos de inimigos, por mais pecadores que nós sejamos, sempre que a ela recorrermos com o coração sincero e arrependido. Em todos os momentos devemos repetir: *"Sob tua proteção nos refugiamos, ó Santa Mãe de Deus"*![16]

Maria é um refúgio seguro. Confiemos nela. Ela é nossa Mãe dulcíssima e amorosíssima. Maria é nossa Mãe, não carnal, mas de amor. Maria é a Mãe do belo amor (cf. Eclo 24,24). O amor de Maria por nós a faz ser, inevitavelmente, nossa Mãe. Como Mãe, Maria é toda caridade e ternura para conosco. Haroldo de Chartres diz que *"a Virgem Maria, na morte de Jesus, ardentemente desejava imolar-se com o Filho por nosso amor"*.[17] Maria, por amor a nós, ofereceu a si mesma aos algozes impiedosos que aniquilavam seu único Filho, Jesus, o Redentor de todos nós. Mas, por que Maria nos ama tanto? De onde vem esse amor, sem medida, por todos nós pecadores? Primeiramente, seu amor por nós vem do amor incondicional que ela tem por Deus (cf. 1Jo 4,21). Além disso, Maria muito nos ama porque lhe fomos entregues por seu Amado Jesus. Ele, antes de expirar na cruz, disse-lhe: *"Mulher, ei o teu filho"* (Jo 19,25-27). E, por fim, *"somos filhos muito queridos de Maria, porque lhe custamos muitas dores"*.[18] Somos todos nós, filhos e filhas, das dores da Santíssima Virgem Maria. Diz São Boaventura que assim podemos dizer de Maria: *"Tanto amou os homens que por eles entregou seu Filho Unigênito"*.[19] Por esses, e outros motivos, quão grande deve ser nossa gratidão à Santíssima Virgem Maria por seu grande amor para conosco!

Maria é muito simples, porém seu amor por nós é sem medidas. Ela a todos ama e favorece. Maria é a boa Mãe. Ela é a Mãe dulcíssima e misericordiosa que socorre, até mesmo, os ingratos e indiferentes que pouco a invocam e amam. Maria é fonte de amor. Ela está sempre pronta para estender sua poderosa mão para nos guiar pelas veredas da salvação. Lembra-nos o Evangelista São Lucas que todo aquele que pede recebe (cf. Lc 11,10). Quem recorre à Santíssima Virgem Maria com confiança em sua intercessão será prontamente atendido. Pois é Maria *"Mãe de Misericórdia, não só de nome, senão de fato, e em verdade tal se mostra pela ternura e pelo amor com que nos socorre"*.[20] Maria, Mãe de Jesus e nossa Mãe, é muito amorosa. Quando ela escuta o clamor de um pecador, prontamente se apresenta para interceder por ele junto a seu Filho Jesus. A própria Virgem Santíssima se revelou a Santa Brígida dizendo: *"Por mais culpado que seja um homem, disse-lhe, se vem a mim com sincero arrependimento, estou sempre pronta a acolhê-lo. Não considero a enormidade de suas faltas, mas tão somente as disposições de seu coração. Não recuso ungir e curar suas feridas, porque me chamo e realmente sou Mãe de Misericórdia".*[21]

Maria é a Mãe dos pecadores que se querem converter. Diz Ricardo de São Lourenço que *"Maria intercede por qualquer pecador que a ela recorre".*[22] Maria, Mãe de Misericórdia, sempre pede a Jesus ter compaixão de nós pecadores. E ele a atende prontamente. Ricardo de São Lourenço, devoto sincero da Santíssima Virgem Maria, informa-nos que Maria, olhando para Jesus, diz: *"Meu Senhor, esta pobre alma, que está em pecado, é minha alma; por isso vos compadecei não tanto dela, como de mim, que sou sua mãe".*[23] Infelizmente, nem todos os pecadores recorrem a essa doce Mãe. Se o fizessem, certamente, receberiam do Senhor o perdão de seus pecados. Maria acolhe com maternal afeto o pecador miserável que a ela recorre com a intenção de emendar-se. Quando vê Deus irado com algum pecador que a ela recorre, diz: *"Meu Deus, eu tinha dois filhos, Jesus e o homem; o homem matou na cruz meu Jesus; agora vossa justiça quer condenar o homem. Senhor, já morreu meu Jesus; tende compaixão de mim. Se eu perdi um, não me façais perder também o outro filho".*[24]

Certamente, Deus não condena os pecadores que recorrem a Maria e por quem ela intercede. Exclama São Boaventura: *"Ainda que me dê a morte; cheio de confiança, desejo morrer perante uma de suas imagens, e salvo estarei".*[25] Nenhum pecador deve desconfiar ou duvidar da misericórdia e do amor de Maria, quando a ela recorre. Portanto assim devem dizer todos os pecadores que recorrem a essa piedosa Mãe: *"Minha Senhora e minha Mãe, por minhas culpas mereço ser repelido e castigado por vós na proporção delas. Mas, ainda que me rejeiteis e me tireis a vida, não perderei nunca a confiança, e se tiver a felicidade de morrer na presença de qualquer imagem vossa, recomendo-me à vossa misericórdia, espero certamente que não me hei de perder, mas hei de louvar-vos no céu em companhia de tantos que vos serviram e morreram invocando vossa poderosa intercessão".*[26]

A oração de Maria por nós junto a Jesus nos concede a graça da justificação. Isto é, da absolvição. Maria obtém, por meio de sua intercessão, graças e vida para os pecadores arrependidos. Quem recorre a Maria, com sinceridade de coração, e não somente com os lábios, recobra a graça de Deus perdida por causa dos pecados cometidos, seja em que época for. Exclamou São Boaventura: *"Honrai a Santíssima Virgem Maria e achareis a vida juntamente com a eterna salvação".*[27] Exorta-nos São Bernardo: *"Procuremos a graça, mas procuremo-la por meio de Maria".*[28] A divina graça que perdemos é por Maria, facilmente, encontrada. Diz São João Crisóstomo: *"Os pecadores só por intercessão de Maria recebem o perdão".*[29] São Bernardo nos assevera dizendo: *"Todos os vossos servos alcançam, por vossa intercessão, a vida da graça e a glória eterna".*[30] O devoto B. Bernardino de Busti diz: *"Não desconfieis, ó pecadores; ainda que tenhais todos os pecados, recorrei com sinceridade à Mãe de Deus, pois sempre a encontrareis com as mãos cheias de misericórdia. Maria deseja mais fazer e conceder-vos favores, do que vós desejais recebê-los".*[31]

Maria nos foi dada por Deus como Mãe intercessora. Ela é humilde, pura e persistente. Ela é advogada zelosa. Não desiste das causas a ela confiadas. No tempo de Noé, até os animais foram contemplados com a salvação. Quanto mais nós, filhos e filhas de Deus, que, apesar de nossos pecados, buscamos refúgio debaixo do manto da Santíssima Virgem Maria. *"Os pecadores mais perdidos, quando recorrem a Maria, não são expulsos, mas antes aceitos e salvos da morte eterna."*[32] Refugiemos, pois, sob o manto de Maria. *"Sem dúvida ela não nos repelirá, mas seguramente nos há de salvar."*[33] Maria é nossa vida. Ela nos alcança a perseverança final. Sem ela, diz Santo Afonso, *"não alcançamos a graça".*[34] Lembra-nos São Belarmino que *"todas as graças de que nós precisamos passam pelas mãos de Maria, é também verdade que só por meio de Maria poderemos esperar e conseguir essa sublime graça da perseverança".*[35]

Recorramos, pois, sempre à sua intercessão. Ela fortalecerá com sua vida nossa espiritualidade, que, por sua vez, nos ajudará a resistir a todos os inimigos da salvação. Maria concede a seus devotos toda a sua fortaleza. O devoto de Maria possui a força necessária para enfrentar e vencer todas as tentações do inferno. Maria é a armadura, o escudo e a lança dos devotos esforçados. A Mãe do belo amor não deixa desamparados aqueles que a amam e a ela recorrem com o coração sincero. Sob seu manto, encontramos refúgio seguro. Infelizes são todos aqueles que de Maria se afastam e cessam de venerá-la e de se lhe recomendar nos perigos. Diz Santo Anselmo: *"Ai daqueles que desprezam a luz deste sol, isto é, a devoção a Maria"*.[36] São Germano chama Maria de *"respiração dos cristãos"*.[37] Ainda, segundo ele, *"assim como o corpo não pode viver sem respirar, tão pouco pode a alma viver sem recorrer e recomendar-se a Maria"*.[38]

Ela não deixa de nos obter luzes e força para sair do vício que tanto nos impede de trilhar pela vereda da virtude. Não é à toa que, graciosamente, Inocêncio III chama Maria de *"lua de noite, aurora de manhã e sol de dia"*[39] e nos explica que *"Maria é lua para quem está cego na noite do pecado, a fim de esclarecê-lo e mostrar-lhe o miserável estado de condenação em que se acha. É aurora, isto é, precursora do sol, para quem já está iluminado, a fim de o fazer sair do pecado e recuperar a divina graça. Para quem está em graça é finalmente sol, cuja luz o livra de cair em algum precipício"*.[40]

Maria se coloca bravamente diante de seus devotos e os defende dos ataques do demônio. São Filipe Néri sempre admoesta seus penitentes: *"Filhos, se desejais a perseverança, sede devotos de Nossa Senhora"*.[41] São João Berchmans, da Companhia de Jesus, diz também: *"Quem amar a Maria terá perseverança"*.[42] Bela reflexão faz o Abade Roberto sobre a parábola do filho pródigo: *"Se ainda lhe vivesse a mãe, não deixaria o filho pródigo a casa paterna, ou para ela regressava mais depressa do que voltou"*.[43] O que o Abade Roberto quer nos dizer com sua reflexão à luz da parábola do filho pródigo? Na compreensão de Santo Afonso, o Abade Roberto quer nos dizer que *"um filho de Maria, ou nunca se aparta de Deus, ou, se por desgraça o faz, logo para ele torna por meio de Maria"*.[44] Cai e perece só quem não recorre a Maria. Escreve São Tomás de Vilanova: *"Quando nos vem tentar o demônio, não deixemos de fazer como os pintinhos, que mal enxergam o gavião, correm logo a refugiar-se sob as asas da mãe. Logo que nos assaltam tentações, sem discorrer com ela, refugiemo-nos depressa sob o manto de Maria (...). Depois de Deus outro refúgio não temos senão Maria, nossa única esperança e protetora, em quem confiamos"*.[45]

Dado o exposto, olhemos sempre para a estrela que é Maria. Ela vai nos ajudar nos perigos e nas tempestades. Chamemos por Maria nos perigos de pecar, nas moléstias das tentações, nas dúvidas do que devemos fazer. Maria pode nos ajudar. Ela é Mãe zelosíssima e cheia de ternura. Recorramos sempre pela intercessão de Maria, e ela nos socorrerá sem demora. Quem segue Maria não se perderá do caminho de salvação. Confiemos no poder de intercessão dado por Deus à Mãe do belo amor e da divina misericórdia. Em sua companhia, nós chegaremos ao reino dos bem-aventurados. Maria é Mãe amabilíssima. É vida e doçura nossa. Ela suaviza a morte de seus filhos e suas filhas que a ela recorrem com o coração sincero. A força que vem de Maria nos mantém de pé. Seu auxílio é celeste. Seu socorro nos faz ser sempre homens e mulheres valentes. Maria é companheira na caminhada e conforto na morte. Assim sendo, esperemos sempre nela, porque se encontra bem junto de Jesus, nosso Santíssimo Redentor.

Salve, Santíssima Virgem Maria, nossa infinita doçura! Quem é amigo o é em todo o tempo. Maria é Mãe e companheira durante todo o tempo. Ela não abandona seus filhos e suas filhas à própria sorte. Ao contrário de alguns amigos e parentes, ela não nos abandona, quando estamos passando por angústias e desventuras, e cuida de seus fiéis devotos. Ela é nossa doçura na alegria e na tristeza, durante nossa vida e também na morte. Na morte, a Santíssima Virgem Maria nos ajuda, segundo Santo Afonso, *"a obter um suave e feliz trânsito"*.[46] Por isso a Igreja nos manda rezar assim à bem-aventurada Virgem Maria: *"Rogai por nós, pecadores, agora, e na hora de nossa morte"*. Conta-se Santo André Avelino que *"Estando para morrer, vieram muitos demônios para tentá-lo. E de tal modo investiram contra ele, que deixaram horrorizados os bons religiosos que o estavam assistindo. Viram eles que do Santo se lhe inchou com grande agitação o rosto, de tal sorte que se fez de todo preto. Viram-no tremer e debater-se. De seus olhos corriam lágrimas, e violentos lhe eram os movimentos de cabeça. Tudo sinais da peleja que lhe dava o inferno"*.[47]

Os religiosos choravam de compaixão, redobravam as orações e tremiam de pavor, vendo que assim morria Santo André Avelino. No entanto *"os religiosos consolavam-se em ver que Santo André Avelino, repetidas vezes, movia os olhos para uma devota imagem de Maria, como quem procurava seu socorro. Vinha-lhes à lembrança a frase na qual ele afirmava que a Mãe de Deus havia de ser seu refúgio na hora da morte"*.[48]

Uma religiosa capuchinha agonizando disse às que a assistiam: *"Rezai a Ave-Maria (...), pois os demônios fogem à presença de Nossa Senhora"*.[49] Santo Antonino anima-se dizendo: *"Se Maria é por nós, quem será contra nós"?*[50] Estando à morte o Padre Manuel Padial, da Companhia de Jesus, *"viu um bando de demônios desesperado, fugindo e gritando: Ai! Que nada podemos, porque aquela que não tem mancha o defende"!*[51] Sejam, pois, sinceros todos os nossos agradecimentos à Santíssima Virgem Maria, porque ela sempre vem em nosso socorro e prontamente nos ajuda. Como assevera Conrado de Saxônia, *"a Santíssima Virgem Maria, em defesa dos fiéis moribundos, manda o príncipe S. Miguel com todos os seus anjos para protegê-los contra as tentações do demônio e lhe receber as almas, com especialidade as daqueles seus servos que se recomendam continuamente a ela"*.[52]

Maria, nossa exímia advogada, está sempre a nossa espera no tribunal celeste. O Juiz, que é Jesus, nunca condenou, nem condenará, diz Santo Afonso, *"uma alma patrocinada por sua grande Mãe"*.[53] Diz São Jerônimo que *"Maria não só socorre seus amados servos em sua morte, mas também os vem esperar na passagem para a eternidade. A fim de os animar* e de *os acompanhar até o tribunal divino"*.[54] Maria é realmente a esperança de todos nós. Devemos sempre recorrer a ela com devoção e sinceridade de coração. Sabemos que Maria é criatura. Deus é o Senhor onipotente e onisciente. Mesmo assim, nós queremos pedir sempre sua intercessão. Alguns, não conhecendo bem nossa devoção à Santíssima Virgem, acusam-nos de hereges. Não o somos. Somos devotos de Maria. Assim sendo, sem desmerecermos o Pai, o Filho e o Espírito Santo, vamos sempre com fé e devoção, invocar a intercessão de Maria sobre nós. Ela é a Mãe da esperança. Somos concorde com São Boaventura quando ele diz que, *"depois de Deus, outra esperança não temos senão Maria, por isso a invocamos como única esperança nossa depois de Deus"*.[55] Diz São Tomás de Vilanova que *"Maria é nosso único refúgio, socorro e asilo"*.[56] Na opinião de Pacciucchelli, *"Maria é este propiciatório de onde o Senhor fala aos homens e concede-nos o perdão, a graça e todos os seus demais dons"*.[57] Por fim, diz o piedoso Blósio: *"Acudis a quem por vós chama; vós, depois de vosso divino Filho, sois a segura salvação de vossos fiéis servos. Salve, pois, ó esperança dos desesperados, ó refúgio dos abandonados. Sois onipotente, ó Maria, visto que vosso Filho vos quer honrar, fazendo sem demora tudo quanto vós quereis"*.[58]

Maria é a Mãe de misericórdia, vida doçura e esperança nossa. Ela é nossa companheira e guia durante nossa peregrinação neste mundo regido por constantes mudanças, ventos impetuosos e tempestades indomáveis que nos assolam. Ela é a força e a consciência dos débeis, a riqueza dos miseráveis, a liberdade dos cativos e a esperança de salvação para quem a invoca com devoção, fé e respeito. Maria é Mãe; e como Mãe ela é a dispensadora de todas as graças de que precisamos. A devoção mariana nos concede muitos bens espirituais. Diz o Abade de Celes: *"Quem ama Maria acha todo o bem, acha todas as graças e todas as virtudes, porque ela por sua intercessão lhe alcança tudo quanto lhe é necessário para enriquecê-lo com a divina graça"*.[59] Exorta-nos Conrado de Saxônia que *"não tiremos os olhos das mãos de Maria, a fim de, por seu intermédio, recebermos os bens que almejamos"*.[60] Na casa de Isabel, profetizou Maria a respeito de si mesma em seu sublime cântico: *"Eis que já desde agora todas as gerações me chamarão de bem-aventurada"* (Lc 1,48).

Maria é a esperança dos pecadores. Inocêncio III diz: *"Se algum miserável se acha imerso na noite de culpa, longe da luz do sol e da divina graça, volte-se, faça oração a Maria e dela receberá luz para conhecer a miséria de seu estado e força para retornar imediatamente para a luz, que é Jesus"*.[61] A Igreja saúda Maria com o título de *"Refúgio dos Pecadores"*. Sob o manto da Rainha de Misericórdia, todos os pecadores, arrependidos, acham refúgio. Ela é a cidade fortificada. Sua fortaleza não está nas muralhas intransponíveis e nos canhões sempre a postos, mas na graça e glória. Santo Agostinho, homem errante convertido, em seus sermões atribuídos a Maria, chamava-a de *"nossa única esperança"*.[62] Santo Efrém, contemplando-a, dizia: *"Vós sois a única advogada dos pecadores e daqueles que precisam de todo o socorro"*.[63] Maria é para nós, pecadores, uma segura esperança. Ela é uma mãe misericordiosa e benigna. Suave com os desamparados. A ninguém desdenha, por mais indigno que seja, *"porque é vontade de Deus que ela nos valha em todos os nossos apuros"*[64], diz Basílio de Seleucia. Há situações, ou até mesmo casos, em que a Santíssima Virgem Maria, a Mãe de Misericórdia, é a última esperança dos pecadores.

O vale de lágrimas por onde andamos é extenso, porém ele não é intransponível quando se tem Maria como companheira na jornada. Em todas as calamidades pessoais ou públicas, devemos recorrer sempre à divina Mãe com novenas, orações, procissões e visitas a suas igrejas e a seus Santuários. É isto que Maria mais quer de nós: que nós a invoquemos, que sempre lhe peçamos as graças de que tanto necessitamos para alcançarmos a salvação. A simples e breve Ave-Maria, quando rezada com fé e devoção, muito alegra a Santíssima Virgem. Diante de nossos pedidos, ela não anda. Ao contrário, voa para atender todos os que a invocam com fé. Ela tem asas de águia. Nada faz com vagar, mas com presteza. Quando lemos o Evangelho de São Lucas, vemos que, quando Maria foi visitar Isabel, sua prima, não o fez com vagar, mas sim com presteza: *"E naqueles dias, levantando-se, Maria foi com presteza às montanhas"* (Lc 1,39). Recorda-nos Ricardo de São Lourenço que *"uma boa mãe não hesita em tratar de um filho coberto de chagas repugnantes, ainda que lhe custe abnegações e trabalhos"*.[65] Maria é nossa Mãe auxiliadora. Ela sempre nos auxilia eficazmente. Recorramos, pois, a seu poderoso patrocínio.

Maria abate com sua intercessão o poder do demônio sobre nós. Seu belo nome nos defende das garras do maligno, assim como o escudo protege o guerreiro nas batalhas. Basta o menor aceno de Maria para pôr o demônio em fuga. Diz Cornélio a Lápide: *"Como o lírio é um antídoto contra as serpentes e os venenos, assim é a invocação do nome de Maria, singular remédio para vencer as tentações, especialmente contra a pureza, como ensina a experiência"*.[66] Entre os Padre Gregos, escreve Jacob, monge: *"Senhor, vós nos destes nesta Mãe poderosíssima arma com a qual vencemos seguramente todos os nossos inimigos"*.[67] São nossas defesas, infalíveis, nos combates contra o demônio, os dulcíssimos nomes de Jesus e de Maria. Necessitamos, pois, da intercessão da Santíssima Virgem. É muito salutar para nós, pecadores, sua intercessão. Recorrer, em todos os momentos, à Santíssima Virgem Maria é lícito e muito útil.

Jesus Cristo, como já é conhecido por nós, é o único Mediador. Ele é nosso eterno medianeiro. Não obstante a isso, Deus quer que todas as graças de que necessitamos, no dia a dia de nossa vida, cheguem a nós pelas mãos e pela intercessão da Mãe de Jesus. Se Deus, sendo quem ele é, recorreu a Maria, quanto mais nós, pecadores (cf. Lc 1,26-38), o devemos fazer, não é mesmo? Jesus deseja ver sua Mãe amada e honrada por nós. Maria é toda cheia de graça, amor e ternura para com todos aqueles que recorrem a ela com fé e devoção. *"Maria é a escada do paraíso, a porta do céu e a medianeira entre Deus e os homens"*[68], diz São Lourenço Justiniano. Padre Suárez, devotíssimo de Maria, diz: *"Quando suplicamos à Santíssima Virgem que nos obtenha as graças, não é que desconfiemos da misericórdia divina, mas é muito antes porque desconfiamos de nossa própria indignidade. Recomendamo-nos, por isso, a Maria, para que supra sua dignidade a nossa miséria"*.[69]

O recorrer à sua intercessão é útil e também necessário à nossa salvação. A intercessão a Maria é necessária, porém não absoluta. O fato é que Deus quer que recebamos tudo por meio de Maria. Há quem critica e também desconsidera sua mediação. Outros dizem: se Deus é o todo-poderoso, qual é o sentido de recorrer à mediação de Maria? O próprio Apóstolo São Paulo assevera-nos que *"reconhecemos um único Deus e um único medianeiro entre Deus e os homens, Jesus Cristo"*. Veja bem, *"há uma diferença entre a mediação de justiça, em vista dos méritos, e a mediação de graça, por via de intercessão"*.[70] Deus pode tudo. Quando recorremos à mediação de Maria não estamos diminuindo, em nada, o poder de Deus. O fato é que Deus, apesar de tudo poder fazer, não quer que nós deixemos de recorrer à mediação de Maria. Deus não quer conceder suas graças sem sua mediação. Deus é o todo-poderoso, Maria é, tão somente, uma pobre criatura que Ele escolheu para ser a Mãe de seu Filho Unigênito, Jesus, o Redentor do mundo (cf. Lc 1,26-38).

Jesus é o medianeiro de justiça, e Maria é a medianeira de todas as graças. Sem desmerecer a Santíssima Trindade, recorremos sempre à Mãe de Jesus e a invocamos como sendo ela a salvação dos doentes, refúgio dos pecadores, auxílio dos cristãos, vida e esperança nossa que, muitas vezes, nos encontramos como ovelhas sem pastor. Por falta de conhecimento ou esclarecimento, há pouca devoção à Mãe de Jesus. Não queiramos estar entre os poucos devotos de Maria. Estejamos, pois, entre aqueles devotos que firmemente acreditam na mediação da Santíssima Virgem. Diz o Pseudo-Agostinho: *"Tudo quanto pudermos dizer em louvor de Maria é pouco em relação ao que merece por sua dignidade a Mãe de Deus"*.[71] A Igreja Católica, nas palavras do Pseudo-Agostinho, faz-nos ler na Missa da Santa Virgem as seguintes palavras: *"Bem-aventurada és tu, Santa Virgem Maria, e mui digna de todo louvor"*.[72]

Maria é a Mãe cheia de graça. Ela é o aqueduto por onde nos chegam todas as graças que se encontram no coração de Deus; é a torrente das graças divinas. Por esses e outros motivos, o demônio quer acabar com a devoção a Maria. Sejamos, pois, devotos fervorosos e perseverantes. Saibam todos que *"toda esperança, toda graça, toda salvação a nós chegam pelas mãos de Maria"*.[73] A mesma coisa declara Santo Antônio: *"Todas as misericórdias dispensadas aos homens lhes têm vindo por meio de Maria"*.[74] Quem diz ser servo de Jesus, mas desqualifica sua Mãe, é um grande mentiroso, pois ninguém pode servir o Filho sem servir, igualmente, a Mãe. Conclui, a respeito da mediação de Maria, o Padre Suárez: *"A intercessão de Maria não somente nos é útil, mas também necessária. Necessária, como dissemos, não de necessidade absoluta, porque tal nos é somente a mediação de Jesus Cristo. Mas necessária moralmente, porque entende a Igreja, como pensa São Bernardo, que Deus tem determinado dispensar-nos suas graças só pelas mãos de Maria"*.[75]

Maria, a menina pobre de Nazaré, foi por Deus prestigiada e elevada à condição de Mãe de Jesus. Embora sendo a serva de Deus (cf. Lc 1,38), ela não foi súdita de seu Filho Jesus. Evidentemente, Jesus tem poder sobre todas as criaturas. Inclusive, sobre sua Mãe, a Santíssima Virgem Maria. Todavia diz Santo Afonso que *"é também certo que nosso Redentor, quando vivia na terra, quis humilhar-se a ponto de ser submisso a Maria"*.[76] Ainda, segundo Santo Ambrósio, *"desde que Jesus Cristo se dignou escolher Maria por Mãe, estava como Filho realmente obrigado a obedecer-lhe"*.[77] Daí, concluímos que, no tribunal celeste, Maria é, pois, nossa poderosa advogada. Seus rogos sempre são rogos de Mãe. Por isso supliquemos sempre por sua intercessão, pois tem um grande privilégio junto a seu Filho Jesus. Assim, diante da Virgem Maria, exprimia São Germano: *"Sois onipotente, ó Mãe de Deus, para salvar os pecadores; não precisais de recomendação alguma junto de Deus, pois sois a Mãe da verdadeira vida"*.[78] Maria é toda ela bondade para com os homens. Sendo ela elevada por Deus à dignidade de Mãe do Redentor, é a dispensadora de todas as graças. Residente nos jardins celestes, Maria sempre nos ouve e nos atende. Ela é a Senhora das graças e nossa advogada.

Diante dos fatos mencionados, volvemos sempre nossos olhos para a Santíssima Virgem Maria, a Mãe de Misericórdia. São Epifânio diz que Maria, como Mãe desvelada, *"é toda olhos para atender as nossas misérias na terra e aliviá-las"*.[79] Jesus satisfaz todos os rogos de sua querida Mãe. E o que Maria tanto implora a seu Filho Jesus? A misericórdia para os infelizes. Ela está destinada a ser, por ter aceitado gerar intrinsicamente em seu ventre o Redentor, a Mãe de Misericórdia, refúgio dos pecadores, advogada dos infelizes. Maria implora continuamente ao Filho por nós, pobres pecadores. Na terra e no céu, é Mãe misericordiosa. Como Mãe, conhece nossas misérias. Sua compaixão é sempre abundante. Fulgurante como o sol, está sempre irradiando nossa vida. Maria, ao lado de seu Filho no céu, nunca esquece sua natural bondade. Até os pecadores mais ímpios são contemplados pela sua misericórdia. Diz Santo Afonso: *"Tal como a terra e outros planetas são iluminados pelo sol, também por intercessão de Maria todos os homens participam da divina misericórdia, desde que a peçam"*.[80] Escreve São Bernardo que *"Maria se faz tudo para todos e lhes abre seu compassivo coração, para que todos dele recebam: o escravo, o resgate; o enfermo, a saúde; o pecador, o perdão; Deus, a glória"*.[81]

Maria livra do inferno seus devotos. Diz Santo Afonso: *"Um verdadeiro devoto de Maria não se perde"*.[82] Há quem desaprove essa proposição! Assim sendo, esclarece-nos Santo Afonso a esse respeito: *"Antes, porém, que seja rejeitada, peço que leia o que a respeito eu vou apresentar. Afirmo que é impossível perder-se um devoto da Mãe de Deus. Não me refiro àqueles que abusam dessa devoção para pecarem com menos temor"*.[83] Assim sendo, a devoção a Maria é penhor. Isto é, quando sincera, garante-nos a salvação. Santo Antonino diz: *"Não põem salvar-se aqueles, dos quais Maria tem afastado seus misericordiosos olhos; mas salvam-se necessariamente os que por ela são vistos com amor e protegidos por sua intercessão"*.[84] Infelizmente, há aqueles que fazem pouco caso da devoção a Maria, ou que a abandonam por negligência. A verdadeira devoção à Virgem salva. Ela é o amparo dos pecadores arrependidos. Sendo assim, não se descuide de Maria. Tenha sempre ela em suas orações para te livrares da morte eterna. Assevera-nos Santo Afonso: *"Por isso o demônio trabalha para que os pecadores, depois de perderem a graça de Deus, percam também a devoção de Maria"*.[85] Saibam todos que a sincera devoção a Maria nos protege contra a fúria de Satanás.

Maria é toda ela clemência e piedade. Sua bondade cai sobre seus devotos como chuva. Ela é a nova terra prometida, de onde manava leite e mel. De Maria nos veio o Redentor: a verdadeira comida e a verdadeira bebida. Maria é nossa Mãe solícita e misericordiosa, que está sempre intercedendo, junto a seu Filho, por nós, necessitados. Recorda-nos o Cardeal Hugo que *"Maria nunca deixará de rogar pelos pecadores, para que sejam salvos da condenação eterna"*.[86] Não raramente, a mãe se preocupa mais com aquele filho que necessita de maiores cuidados. Com Maria não é diferente. Como Mãe amabilíssima e misericordiosa, tem particular clemência para com seus filhos pecadores. Ela anseia por lhes fazer favores. Seu espírito é completamente semelhante ao espírito de Jesus. Quando algum pecador, com sinceridade, encomenda sua misericórdia, ela prontamente o socorre, e socorre até mesmo os pecadores mais indignos. Por isso não devemos recear de recorrer a Maria. Santa Catarina de Sena a chama *"de distribuidora da divina misericórdia"*.[87]

Diante de tudo o que foi dito a respeito de Maria, é imprescindível que todos nós, devotos, tenhamo-la sempre como nossa doce Virgem Maria. Seu nome vem de Deus, é sublime e muito nos conforta. Depois do nome de Jesus, o nome de Maria é superior a todos os nomes existentes. Honório, santo anacoreta, *"dizia que o nome de Maria é cheio de divina doçura"*.[88] Seu nome, depois do nome das três pessoas da Santíssima Trindade, alegra nosso coração, adoça nossa boca e ressoa harmonicamente em nossos ouvidos. Quão prazeroso é ouvir o nome da Santíssima Virgem Maria. Ele é para nós, devotos, conforto, amor, alegria, confiança e fortaleza. Benditos são aqueles que pronunciam, com devoção, seu doce nome.

O santíssimo nome de Maria é como o mel que se liquefaz no fundo de nossa alma. É doce, sobretudo, na hora de nossa morte. Em nossa última hora, o nome santíssimo de Maria nos proporciona uma suave e santa morte; semelhante ao bálsamo, refresca o ardume da ferida e nos acalma com seu perfume. São Bernardo, diante da Virgem, assim rezava: *"Ó excelsa, ó bondosa e veneranda Virgem Maria! Como é vosso nome tão cheio de doçura e de amabilidade"*![89] Ele está sempre cheio consolo, graças e bênçãos divinas. Todos os que pronunciam devotamente o nome de Maria não voltam para casa com as mãos vazias. De Maria, nossa Mãe amabilíssima e dulcíssima, recebemos bons e saborosos frutos. Portanto sigamos o belo conselho de São

Bernardo: *"Nos perigos, nos apuros, nas dúvidas, pensa em Maria, invoca a Maria; nunca se aparte seu nome de teus lábios, de teu coração. Em todos os perigos de perder a graça divina, pensemos em Maria, invoquemos seu nome e o de Jesus, para que andem sempre unidos esses dois nomes. Nunca apartem nem de nosso coração, nem de nossa boca, esses dois dulcíssimos e poderosíssimos nomes, pois eles nos darão forças para não cairmos e para vencermos sempre todas as tentações.*[90]

Que Maria nos console sempre com sua doce presença. Que ela seja nossa companheira na jornada da vida até o céu. Que alcance para nós a graça do perdão e do eterno descanso. Maria é nossa advogada. Ela está sempre pronta a defender seus verdadeiros devotos no tribunal celeste diante de Jesus, nosso Redentor. E, por fim, porém não menos importante, termino essa reflexão a respeito da Santíssima Virgem Maria, Mãe de Jesus e nossa, com o sábio conselho de Tomás de Kempis: *"Recorrei a Maria; invocai a Maria, a ela servi e recomendai-vos. Alegrai-vos com Maria, caminhai com Maria; com ela procurai a Jesus e, finalmente com Jesus e Maria, aspirai viver e morrer. Assim fazei e prosseguireis no caminho do Senhor. Pois Maria se comprazerá em rogar por vós, e o Filho com certeza atenderá a sua Mãe".*[91]

Leituras bíblicas e questões para nos ajudar a rezar

Lc 1,26-38;39-56;57-66; Lc 2,1-7;8-20;21-24;25-40;41-52; Mt 12,46-50; Jo 2,1-11; Jo 19,25-27.

1) A quantas anda sua devoção mariana?
2) Você tem uma devoção diária a Maria? Em caso afirmativo, por quê? Em caso negativo, por quê?
3) Você abre espaço em sua vida para algumas devoções?
4) A devoção à Santíssima Virgem Maria tem ajudado você em sua caminhada de fé?
5) Qual tem sido sua atitude diante de novas devoções, por exemplo, à Divina Misericórdia?
6) A devoção mariana tem sido apoio para os mais pobres e abandonados? Sim? Não? Por quê?

[1] MISSAL ROMANO. Apud Prefácio da Virgem Maria, I, 2ª ed., São Paulo, Paulus, 1991, p. 445.

[2] MISSAL ROMANO. Apud Prefácio da Virgem Maria, II, 2ª ed., São Paulo, Paulus, 1991, p. 446.

[3] PAPA PAULO VI, São. Marialis Cultus, 1974, § 11. Apud JOHNSTONE, Brian, C.Ss.R. in: WALES, Sean; BILLY, Dennis. Dicionário de Espiritualidade Redentorista. 1ª ed. Tradução, José Raimundo Vidigal. Goiânia: Scala Editora, 2012, p. 169-170.

[4] LIGÓRIO, Santo Afonso Maria de. Da Consagração do Santíssimo Redentor. In: LIGÓRIO, Santo Afonso Maria de. Glórias de Maria: com indicação de leituras e orações para dois meses marianos. Santo Afonso Maria de Ligório; versão da 11ª edição italiana pelo Pe. Geraldo Pires de Sousa. 3ª ed. Aparecida, SP: Editora Santuário, 1989, p. 21.

[5] Ibidem, p. 21.

[6] Ibidem, p. 21.

[7] SOUSA, Padre Geraldo Pires, C.Ss.R. Advertência ao leitor. Apud LIGÓRIO, Santo Afonso Maria de. Glórias de Maria: com indicação de leituras e orações para dois meses marianos. Santo Afonso Maria de Ligório; versão da 11ª edição italiana pelo Pe. Geraldo Pires de Sousa. 3ª ed. Aparecida, SP: Editora Santuário, 1989, p. 24

[8] Ibidem, p. 25.

[9] AGOSTINHO, Santo. Apud SOUSA, Padre Geraldo Pires, C.Ss.R. Introdução que muito importa ler. Apud LIGÓRIO, Santo Afonso Maria de. Glórias de Maria: com indicação de leituras e orações para dois meses marianos. Santo Afonso Maria de Ligório; versão da 11ª edição italiana pelo Pe. Geraldo Pires de Sousa. 3ª ed. Aparecida, SP: Editora Santuário, 1989, p. 27.

[10] BOAVENTURA, São. Apud SOUSA, Padre Geraldo Pires, C.Ss.R. Introdução que muito importa ler. Apud LIGÓRIO, Santo Afonso Maria de. Glórias de Maria: com indicação de leituras e orações para dois meses marianos. Santo Afonso Maria de Ligório; versão da 11ª edição italiana pelo Pe. Geraldo Pires de Sousa. 3ª ed. Aparecida, SP: Editora Santuário, 1989, p. 28.

[11] LOURENÇO, Ricardo de São. Apud SOUSA, Padre Geraldo Pires, C.Ss.R. Introdução que muito importa ler. Apud LIGÓRIO, Santo Afonso Maria de. Glórias de Maria: com indicação de leituras e orações para dois meses marianos. Santo Afonso Maria de Ligório; versão da 11ª edição italiana pelo Pe. Geraldo Pires de Sousa. 3ª ed. Aparecida, SP: Editora Santuário, 1989, p. 28.

[12] LIGÓRIO, Santo Afonso Maria de. Glórias de Maria: com indicação de leituras e orações para dois meses marianos. Santo Afonso Maria de Ligório; versão da 11ª edição italiana pelo Pe. Geraldo Pires de Sousa. 3ª ed. Aparecida, SP: Editora Santuário, 1989, p. 36.

[13] ERNESTO. Arcebispo de Praga. Apud LIGÓRIO, Santo Afonso Maria de. Glórias de Maria: com indicação de leituras e orações para dois meses marianos. Santo Afonso Maria de Ligório; versão da 11ª edição italiana pelo Pe. Geraldo Pires de Sousa. 3ª ed. Aparecida, SP: Editora Santuário, 1989, p. 37.

[14] LIGÓRIO, Santo Afonso Maria de. Glórias de Maria: com indicação de leituras e orações para dois meses marianos. Santo Afonso Maria de Ligório; versão da 11ª edição italiana pelo Pe. Geraldo Pires de Sousa. 3ª ed. Aparecida, SP: Editora Santuário, 1989, p. 39.

[15] Ibidem, p. 41.

[16] Ibidem, p. 49.

[17] CHARTRES, Haroldo de. Apud LIGÓRIO, Santo Afonso Maria de. Glórias de Maria: com indicação de leituras e orações para dois meses marianos. Santo Afonso Maria de Ligório; versão da 11ª edição italiana pelo Pe. Geraldo Pires de Sousa. 3ª ed. Aparecida, SP: Editora Santuário, 1989, p. 53.

[18] LIGÓRIO, Santo Afonso Maria de. Glórias de Maria: com indicação de leituras e orações para dois meses marianos. Santo Afonso Maria de Ligório; versão da 11ª edição italiana pelo Pe. Geraldo Pires de Sousa. 3ª ed. Aparecida, SP: Editora Santuário, 1989, p. 55.

[19] BOAVENTURA, São. Apud LIGÓRIO, Santo Afonso Maria de. Glórias de Maria: com indicação de leituras e orações para dois meses marianos. Santo Afonso Maria de Ligório; versão da 11ª edição italiana pelo Pe. Geraldo Pires de Sousa. 3ª ed. Aparecida, SP: Editora Santuário, 1989, p. 56.

[20] LIGÓRIO, Santo Afonso Maria de. Glórias de Maria: com indicação de leituras e orações para dois meses marianos. Santo Afonso Maria de Ligório; versão da 11ª edição italiana pelo Pe. Geraldo Pires de Sousa. 3ª ed. Aparecida, SP: Editora Santuário, 1989, p. 68.

[21] BRÍGIDA, Santa. Apud LIGÓRIO, Santo Afonso Maria de. Glórias de Maria: com indicação de leituras e orações para dois meses marianos. Santo Afonso Maria de Ligório; versão da 11ª edição italiana pelo Pe. Geraldo Pires de Sousa. 3ª ed. Aparecida, SP: Editora Santuário, 1989, p. 68.

[22] LOURENÇO, Ricardo de São. Apud LIGÓRIO, Santo Afonso Maria de. Glórias de Maria: com indicação de leituras e orações para dois meses marianos. Santo Afonso Maria de Ligório; versão da 11ª edição italiana pelo Pe. Geraldo Pires de Sousa. 3ª ed. Aparecida, SP: Editora Santuário, 1989, p. 69.

[23] Ibidem, p. 69.

[24] LIGÓRIO, Santo Afonso Maria de. Glórias de Maria: com indicação de leituras e orações para dois meses marianos. Santo Afonso Maria de Ligório; versão da 11ª edição italiana pelo Pe. Geraldo Pires de Sousa. 3ª ed. Aparecida, SP: Editora Santuário, 1989, p. 69.

Ibidem, p. 70.

[25] BOAVENTURA, São. Apud LIGÓRIO, Santo Afonso Maria de. Glórias de Maria: com indicação de leituras e orações para dois meses marianos. Santo Afonso Maria de Ligório; versão da 11ª edição italiana pelo Pe. Geraldo Pires de Sousa. 3ª ed. Aparecida, SP: Editora Santuário, 1989, p. 69.

Ibidem, p. 70.

[26] LIGÓRIO, Santo Afonso Maria de. Glórias de Maria: com indicação de leituras e orações para dois meses marianos. Santo Afonso Maria de Ligório; versão da 11ª edição italiana pelo Pe. Geraldo Pires de Sousa. 3ª ed. Aparecida, SP: Editora Santuário, 1989, p. 70-71.

[27] BOAVENTURA, São. Apud LIGÓRIO, Santo Afonso Maria de. Glórias de Maria: com indicação de leituras e orações para dois meses marianos. Santo Afonso Maria de Ligório; versão da 11ª edição italiana pelo Pe. Geraldo Pires de Sousa. 3ª ed. Aparecida, SP: Editora Santuário, 1989, p. 69.

Ibidem, p. 74.

[28] BERNARDO, São. Apud LIGÓRIO, Santo Afonso Maria de. Glórias de Maria: com indicação de leituras e orações para dois meses marianos. Santo Afonso Maria de Ligório; versão da 11ª edição italiana pelo Pe. Geraldo Pires de Sousa. 3ª ed. Aparecida, SP: Editora Santuário, 1989, p. 69.

Ibidem, p. 75.

[29] CRISÓSTOMO, São João. Apud LIGÓRIO, Santo Afonso Maria de. Glórias de Maria: com indicação de leituras e orações para dois meses marianos. Santo Afonso Maria de Ligório; versão da 11ª edição italiana pelo Pe. Geraldo Pires de Sousa. 3ª ed. Aparecida, SP: Editora Santuário, 1989, p. 76.

[30] BERNARDO, São. Apud LIGÓRIO, Santo Afonso Maria de. Glórias de Maria: com indicação de leituras e orações para dois meses marianos. Santo Afonso Maria de Ligório; versão da 11ª edição italiana pelo Pe. Geraldo Pires de Sousa. 3ª ed. Aparecida, SP: Editora Santuário, 1989, p. 77.

[31] B. BERNARDINO DE BUSTI, Devoto. Apud LIGÓRIO, Santo Afonso Maria de. Glórias de Maria: com indicação de leituras e orações para dois meses marianos. Santo Afonso Maria de Ligório; versão da 11ª edição italiana pelo Pe. Geraldo Pires de Sousa. 3ª ed. Aparecida, SP: Editora Santuário, 1989, p. 77.

[32] LIGÓRIO, Santo Afonso Maria de. Glórias de Maria: com indicação de leituras e orações para dois meses marianos. Santo Afonso Maria de Ligório; versão da 11ª edição italiana pelo Pe. Geraldo Pires de Sousa. 3ª ed. Aparecida, SP: Editora Santuário, 1989, p. 78.

[33] Ibidem, p. 78.

[34] Ibidem, p. 80

[35] BERLARMINO, São. Apud LIGÓRIO, Santo Afonso Maria de. Glórias de Maria: com indicação de leituras e orações para dois meses marianos. Santo Afonso Maria de Ligório; versão da 11ª edição italiana pelo Pe. Geraldo Pires de Sousa. 3ª ed. Aparecida, SP: Editora Santuário, 1989, p. 81.

[36] ANSELMO, Santo. Apud LIGÓRIO, Santo Afonso Maria de. Glórias de Maria: com indicação de leituras e orações para dois meses marianos. Santo Afonso Maria de Ligório; versão da 11ª edição italiana pelo Pe. Geraldo Pires de Sousa. 3ª ed. Aparecida, SP: Editora Santuário, 1989, p. 82.

[37] GERMANO, São. Apud LIGÓRIO, Santo Afonso Maria de. Glórias de Maria: com indicação de leituras e orações para dois meses marianos. Santo Afonso Maria de Ligório; versão da 11ª edição italiana pelo Pe. Geraldo Pires de Sousa. 3ª ed. Aparecida, SP: Editora Santuário, 1989, p. 83.

[38] Ibidem, p. 83.

[39] INOCÊNCIO III. Apud LIGÓRIO, Santo Afonso Maria de. Glórias de Maria: com indicação de leituras e orações para dois meses marianos. Santo Afonso Maria de Ligório; versão da 11ª edição italiana pelo Pe. Geraldo Pires de Sousa. 3ª ed. Aparecida, SP: Editora Santuário, 1989, p. 83.

[40] Ibidem, p. 83.

[41] NÉRI, São Filipe. Apud LIGÓRIO, Santo Afonso Maria de. Glórias de Maria: com indicação de leituras e orações para dois meses marianos. Santo Afonso Maria de Ligório; versão da 11ª edição italiana pelo Pe. Geraldo Pires de Sousa. 3ª ed. Aparecida, SP: Editora Santuário, 1989, p. 84.

[42] BERCHMANS, São João. Apud LIGÓRIO, Santo Afonso Maria de. Glórias de Maria: com indicação de leituras e orações para dois meses marianos. Santo Afonso Maria de Ligório; versão da 11ª edição italiana pelo Pe. Geraldo Pires de Sousa. 3ª ed. Aparecida, SP: Editora Santuário, 1989, p. 84.

[43] ROBERTO, Abade. Apud LIGÓRIO, Santo Afonso Maria de. Glórias de Maria: com indicação de leituras e orações para dois meses marianos. Santo Afonso Maria de Ligório; versão da 11ª edição italiana pelo Pe. Geraldo Pires de Sousa. 3ª ed. Aparecida, SP: Editora Santuário, 1989, p. 84.

[44] LIGÓRIO, Santo Afonso Maria de. Glórias de Maria: com indicação de leituras e orações para dois meses marianos. Santo Afonso Maria de Ligório; versão da 11ª edição italiana pelo Pe. Geraldo Pires de Sousa. 3ª ed. Aparecida, SP: Editora Santuário, 1989, p. 84.

[45] VILANOVA, São Tomás de. Apud LIGÓRIO, Santo Afonso Maria de. Glórias de Maria: com indicação de leituras e orações para dois meses marianos. Santo Afonso Maria de Ligório; versão da 11ª edição italiana pelo Pe. Geraldo Pires de Sousa. 3ª ed. Aparecida, SP: Editora Santuário, 1989, p. 85.

[46] LIGÓRIO, Santo Afonso Maria de. Glórias de Maria: com indicação de leituras e orações para dois meses marianos. Santo Afonso Maria de Ligório; versão da 11ª edição italiana pelo Pe. Geraldo Pires de Sousa. 3ª ed. Aparecida, SP: Editora Santuário, 1989, p. 88.

[47] Ibidem, p. 89.

[48] Ibidem, p. 89.

[49] LIGÓRIO, Santo Afonso Maria de. Glórias de Maria: com indicação de leituras e orações para dois meses marianos. Santo Afonso Maria de Ligório; versão da 11ª edição italiana pelo Pe. Geraldo Pires de Sousa. 3ª ed. Aparecida, SP: Editora Santuário, 1989, p. 90.

[50] ANTONINO, Santo. Apud LIGÓRIO, Santo Afonso Maria de. Glórias de Maria: com indicação de leituras e orações para dois meses marianos. Santo Afonso Maria de Ligório; versão da 11ª edição italiana pelo Pe. Geraldo Pires de Sousa. 3ª ed. Aparecida, SP: Editora Santuário, 1989, p. 90.

[51] PADIAL, Padre Manuel. Apud LIGÓRIO, Santo Afonso Maria de. Glórias de Maria: com indicação de leituras e orações para dois meses marianos. Santo Afonso Maria de Ligório; versão da 11ª edição italiana pelo Pe. Geraldo Pires de Sousa. 3ª ed. Aparecida, SP: Editora Santuário, 1989, p. 90.

[52] SAXÔNIA, Conrado de. Apud LIGÓRIO, Santo Afonso Maria de. Glórias de Maria: com indicação de leituras e orações para dois meses marianos. Santo Afonso Maria de Ligório; versão da 11ª edição italiana pelo Pe. Geraldo Pires de Sousa. 3ª ed. Aparecida, SP: Editora Santuário, 1989, p. 91.

[53] LIGÓRIO, Santo Afonso Maria de. Glórias de Maria: com indicação de leituras e orações para dois meses marianos. Santo Afonso Maria de Ligório; versão da 11ª edição italiana pelo Pe. Geraldo Pires de Sousa. 3ª ed. Aparecida, SP: Editora Santuário, 1989, p. 91.

[54] JERÔNIMO, São. Apud LIGÓRIO, Santo Afonso Maria de. Glórias de Maria: com indicação de leituras e orações para dois meses marianos. Santo Afonso Maria de Ligório; versão da 11ª edição italiana pelo Pe. Geraldo Pires de Sousa. 3ª ed. Aparecida, SP: Editora Santuário, 1989, p. 91.

[55] BOAVENTURA, São. Apud LIGÓRIO, Santo Afonso Maria de. Glórias de Maria: com indicação de leituras e orações para dois meses marianos. Santo Afonso Maria de Ligório; versão da 11ª edição italiana pelo Pe. Geraldo Pires de Sousa. 3ª ed. Aparecida, SP: Editora Santuário, 1989, p. 98.

[56] VILANOVA, São Tomás de. Apud LIGÓRIO, Santo Afonso Maria de. Glórias de Maria: com indicação de leituras e orações para dois meses marianos. Santo Afonso Maria de Ligório; versão da 11ª edição italiana pelo Pe. Geraldo Pires de Sousa. 3ª ed. Aparecida, SP: Editora Santuário, 1989, p. 99.

[57] PACCIUCCHELLI. Apud LIGÓRIO, Santo Afonso Maria de. Glórias de Maria: com indicação de leituras e orações para dois meses marianos. Santo Afonso Maria de Ligório; versão da 11ª edição italiana pelo Pe. Geraldo Pires de Sousa. 3ª ed. Aparecida, SP: Editora Santuário, 1989, p. 99.

[58] BLÓSIO. Apud LIGÓRIO, Santo Afonso Maria de. Glórias de Maria: com indicação de leituras e orações para dois meses marianos. Santo Afonso Maria de Ligório; versão da 11ª edição italiana pelo Pe. Geraldo Pires de Sousa. 3ª ed. Aparecida, SP: Editora Santuário, 1989, p. 100.

[59] CELES, Abade de. Apud LIGÓRIO, Santo Afonso Maria de. Glórias de Maria: com indicação de leituras e orações para dois meses marianos. Santo Afonso Maria de Ligório; versão da 11ª edição italiana pelo Pe. Geraldo Pires de Sousa. 3ª ed. Aparecida, SP: Editora Santuário, 1989, p. 100-101.

[60] SAXÔNIA, Conrado de. Apud LIGÓRIO, Santo Afonso Maria de. Glórias de Maria: com indicação de leituras e orações para dois meses marianos. Santo Afonso Maria de Ligório; versão da 11ª edição italiana pelo Pe. Geraldo Pires de Sousa. 3ª ed. Aparecida, SP: Editora Santuário, 1989, p. 101.

[61] INOCÊNCIO III. Apud LIGÓRIO, Santo Afonso Maria de. Glórias de Maria: com indicação de leituras e orações para dois meses marianos. Santo Afonso Maria de Ligório; versão da 11ª edição italiana pelo Pe. Geraldo Pires de Sousa. 3ª ed. Aparecida, SP: Editora Santuário, 1989, p. 104.

[62] AGOSTINHO, Santo. Apud LIGÓRIO, Santo Afonso Maria de. Glórias de Maria: com indicação de leituras e orações para dois meses marianos. Santo Afonso Maria de Ligório; versão da 11ª edição italiana pelo Pe. Geraldo Pires de Sousa. 3ª ed. Aparecida, SP: Editora Santuário, 1989, p. 105.

[63] EFRÉM, Santo. Apud LIGÓRIO, Santo Afonso Maria de. Glórias de Maria: com indicação de leituras e orações para dois meses marianos. Santo Afonso Maria de Ligório; versão da 11ª edição italiana pelo Pe. Geraldo Pires de Sousa. 3ª ed. Aparecida, SP: Editora Santuário, 1989, p. 105.

[64] SELEUCIA, Basílio de. Apud LIGÓRIO, Santo Afonso Maria de. Glórias de Maria: com indicação de leituras e orações para dois meses marianos. Santo Afonso Maria de Ligório; versão da 11ª edição italiana pelo Pe. Geraldo Pires de Sousa. 3ª ed. Aparecida, SP: Editora Santuário, 1989, p. 108.

[65] SÃO LOURENÇO, Ricardo de. Apud LIGÓRIO, Santo Afonso Maria de. Glórias de Maria: com indicação de leituras e orações para dois meses marianos. Santo Afonso Maria de Ligório; versão da 11ª edição italiana pelo Pe. Geraldo Pires de Sousa. 3ª ed. Aparecida, SP: Editora Santuário, 1989, p. 116.

[66] CORNÉLIO. Apud LIGÓRIO, Santo Afonso Maria de. Glórias de Maria: com indicação de leituras e orações para dois meses marianos. Santo Afonso Maria de Ligório; versão da 11ª edição italiana pelo Pe. Geraldo Pires de Sousa. 3ª ed. Aparecida, SP: Editora Santuário, 1989, p. 125.

[67] JACOB, Monge. Apud LIGÓRIO, Santo Afonso Maria de. Glórias de Maria: com indicação de leituras e orações para dois meses marianos. Santo Afonso Maria de Ligório; versão da 11ª edição italiana pelo Pe. Geraldo Pires de Sousa. 3ª ed. Aparecida, SP: Editora Santuário, 1989, p. 125.

[68] JUSTINIANO, São Lourenço. Apud LIGÓRIO, Santo Afonso Maria de. Glórias de Maria: com indicação de leituras e orações para dois meses marianos. Santo Afonso Maria de Ligório; versão da 11ª edição italiana pelo Pe. Geraldo Pires de Sousa. 3ª ed. Aparecida, SP: Editora Santuário, 1989, p. 131.

[69] SUÁREZ, Padre. Apud LIGÓRIO, Santo Afonso Maria de. Glórias de Maria: com indicação de leituras e orações para dois meses marianos. Santo Afonso Maria de Ligório; versão da 11ª edição italiana pelo Pe. Geraldo Pires de Sousa. 3ª ed. Aparecida, SP: Editora Santuário, 1989, p. 131.

[70] LIGÓRIO, Santo Afonso Maria de. Glórias de Maria: com indicação de leituras e orações para dois meses marianos. Santo Afonso Maria de Ligório; versão da 11ª edição italiana pelo Pe. Geraldo Pires de Sousa. 3ª ed. Aparecida, SP: Editora Santuário, 1989, p. 133.

[71] PSEUDO-AGOSTINHO. Apud LIGÓRIO, Santo Afonso Maria de. Glórias de Maria: com indicação de leituras e orações para dois meses marianos. Santo Afonso Maria de Ligório; versão da 11ª edição italiana pelo Pe. Geraldo Pires de Sousa. 3ª ed. Aparecida, SP: Editora Santuário, 1989, p. 135.

[72] Ibidem, p. 135.

[73] BERNARDO, São. Apud LIGÓRIO, Santo Afonso Maria de. Glórias de Maria: com indicação de leituras e orações para dois meses marianos. Santo Afonso Maria de Ligório; versão da 11ª edição italiana pelo Pe. Geraldo Pires de Sousa. 3ª ed. Aparecida, SP: Editora Santuário, 1989, p. 136.

[74] ANTÔNIO, Santo. Apud LIGÓRIO, Santo Afonso Maria de. Glórias de Maria: com indicação de leituras e orações para dois meses marianos. Santo Afonso Maria de Ligório; versão da 11ª edição italiana pelo Pe. Geraldo Pires de Sousa. 3ª ed. Aparecida, SP: Editora Santuário, 1989, p. 136.

[75] SUÁREZ, Padre. Apud LIGÓRIO, Santo Afonso Maria de. Glórias de Maria: com indicação de leituras e orações para dois meses marianos. Santo Afonso Maria de Ligório; versão da 11ª edição italiana pelo Pe. Geraldo Pires de Sousa. 3ª ed. Aparecida, SP: Editora Santuário, 1989, p. 138.

[76] LIGÓRIO, Santo Afonso Maria de. Glórias de Maria: com indicação de leituras e orações para dois meses marianos. Santo Afonso Maria de Ligório; versão da 11ª edição italiana pelo Pe. Geraldo Pires de Sousa. 3ª ed. Aparecida, SP: Editora Santuário, 1989, p. 151.

[77] AMBRÓSIO, Santo. Apud LIGÓRIO, Santo Afonso Maria de. Glórias de Maria: com indicação de leituras e orações para dois meses marianos. Santo Afonso Maria de Ligório; versão da 11ª edição italiana pelo Pe. Geraldo Pires de Sousa. 3ª ed. Aparecida, SP: Editora Santuário, 1989, p. 151.

[78] GERMANO, São. Apud LIGÓRIO, Santo Afonso Maria de. Glórias de Maria: com indicação de leituras e orações para dois meses marianos. Santo Afonso Maria de Ligório; versão da 11ª edição italiana pelo Pe. Geraldo Pires de Sousa. 3ª ed. Aparecida, SP: Editora Santuário, 1989, p. 152.

[79] EPIFÂNIO, São. Apud LIGÓRIO, Santo Afonso Maria de. Glórias de Maria: com indicação de leituras e orações para dois meses marianos. Santo Afonso Maria de Ligório; versão da 11ª edição italiana pelo Pe. Geraldo Pires de Sousa. 3ª ed. Aparecida, SP: Editora Santuário, 1989, p. 175.

[80] LIGÓRIO, Santo Afonso Maria de. Glórias de Maria: com indicação de leituras e orações para dois meses marianos. Santo Afonso Maria de Ligório; versão da 11ª edição italiana pelo Pe. Geraldo Pires de Sousa. 3ª ed. Aparecida, SP: Editora Santuário, 1989, p. 177.

[81] BERNARDO, São. Apud LIGÓRIO, Santo Afonso Maria de. Glórias de Maria: com indicação de leituras e orações para dois meses marianos. Santo Afonso Maria de Ligório; versão da 11ª edição italiana pelo Pe. Geraldo Pires de Sousa. 3ª ed. Aparecida, SP: Editora Santuário, 1989, p. 177.

[82] LIGÓRIO, Santo Afonso Maria de. Glórias de Maria: com indicação de leituras e orações para dois meses marianos. Santo Afonso Maria de Ligório; versão da 11ª edição italiana pelo Pe. Geraldo Pires de Sousa. 3ª ed. Aparecida, SP: Editora Santuário, 1989, p. 182.

[83] Ibidem, p. 182.

[84] ANTONINO, São. Apud LIGÓRIO, Santo Afonso Maria de. Glórias de Maria: com indicação de leituras e orações para dois meses marianos. Santo Afonso Maria de Ligório; versão da 11ª edição italiana pelo Pe. Geraldo Pires de Sousa. 3ª ed. Aparecida, SP: Editora Santuário, 1989, p. 183.

[85] LIGÓRIO, Santo Afonso Maria de. Glórias de Maria: com indicação de leituras e orações para dois meses marianos. Santo Afonso Maria de Ligório; versão da 11ª edição italiana pelo Pe. Geraldo Pires de Sousa. 3ª ed. Aparecida, SP: Editora Santuário, 1989, p. 184.

[86] HUGO, Cardeal. Apud LIGÓRIO, Santo Afonso Maria de. Glórias de Maria: com indicação de leituras e orações para dois meses marianos. Santo Afonso Maria de Ligório; versão da 11ª edição italiana pelo Pe. Geraldo Pires de Sousa. 3ª ed. Aparecida, SP: Editora Santuário, 1989, p. 206.

[87] SENA, Santa Catarina de. Apud LIGÓRIO, Santo Afonso Maria de. Glórias de Maria: com indicação de leituras e orações para dois meses marianos. Santo Afonso Maria de Ligório; versão da 11ª edição italiana pelo Pe. Geraldo Pires de Sousa. 3ª ed. Aparecida, SP: Editora Santuário, 1989, p. 210.

[88] HONÓRIO, Santo anacoreta. Apud LIGÓRIO, Santo Afonso Maria de. Glórias de Maria: com indicação de leituras e orações para dois meses marianos. Santo Afonso Maria de Ligório; versão da 11ª edição italiana pelo Pe. Geraldo Pires de Sousa. 3ª ed. Aparecida, SP: Editora Santuário, 1989, p. 213.

[89] BERNARDO, São. Apud LIGÓRIO, Santo Afonso Maria de. Glórias de Maria: com indicação de leituras e orações para dois meses marianos. Santo Afonso Maria de Ligório; versão da 11ª edição italiana pelo Pe. Geraldo Pires de Sousa. 3ª ed. Aparecida, SP: Editora Santuário, 1989, p. 215.

[90] Ibidem, p. 217.

[91] KEMPIS, Tomas de. Apud LIGÓRIO, Santo Afonso Maria de. Glórias de Maria: com indicação de leituras e orações para dois meses marianos. Santo Afonso Maria de Ligório; versão da 11ª edição italiana pelo Pe. Geraldo Pires de Sousa. 3ª ed. Aparecida, SP: Editora Santuário, 1989, p. 218.

Anexo
Sugestão de Cronograma para o Retiro

Primeiro dia

18h – Celebração Eucarística

19h – Jantar

20h30 – Conferência

Segundo dia

7h – Despertar

7h30 – Oração da manhã

8h – Café

9h – Conferência

10h – Cafezinho e recolhimento

12h – Almoço

14h – Conferência

15h – Cafezinho e recolhimento

18h – Celebração Eucarística e Jantar

20h – Momento devocional

Terceiro dia

7h – Despertar

7h30 – Oração da manhã

8h – Café

9h – Conferência

10h – Cafezinho e recolhimento

12h – Almoço

14h – Conferência

15h – Cafezinho e recolhimento

18h – Celebração Eucarística e Jantar

20h – Momento devocional

Quarto dia

7h – Despertar

7h30 – Oração da manhã

8h – Café

9h – Conferência

10h – Cafezinho e recolhimento

12h – Almoço

14h – Conferência

15h – Cafezinho e recolhimento

18h – Celebração Eucarística e Jantar

20h – Momento devocional

Quinto dia

7h – Despertar

7h30 – Oração da manhã

8h – Café

9h – Conferência

10h – Cafezinho e recolhimento

12h – Almoço e encerramento

Referências Bibliográficas

AGOSTINHO, Santo. Apud SOUSA, Padre Geraldo Pires, C.Ss.R. *Introdução que muito importa ler.* Apud LIGÓRIO, Santo Afonso Maria de. *Glórias de Maria*: com indicação de leituras e orações para dois meses marianos. Santo Afonso Maria de Ligório; versão da 11ª edição italiana pelo Pe. Geraldo Pires de Sousa. 3ª ed. Aparecida, SP: Editora Santuário, 1989.

AGOSTINHO, Santo. *Confissões*, 1. 10, c. n. 8, ML 32-782. Apud LIGÓRIO, Santo Afonso Maria de. *A prática do amor a Jesus Cristo*, tradução Padre Gervásio Fábri do Anjos, C.Ss.R, 7ª ed. Aparecida, SP: Editora Santuário, 1996.

AMBRÓSIO, Santo. Apud LIGÓRIO, Santo Afonso Maria de. *A prática do amor a Jesus Cristo*, tradução Padre Gervásio Fábri do Anjos, C.Ss.R, 7ª ed. Aparecida, SP: Editora Santuário, 1996.

AMBRÓSIO, Santo. Apud LIGÓRIO, Santo Afonso Maria de. *Glórias de Maria*: com indicação de leituras e orações para dois meses marianos. Santo Afonso Maria de Ligório; versão da 11ª edição italiana pelo Pe. Geraldo Pires de Sousa. 3ª ed. Aparecida, SP: Editora Santuário, 1989.

ANSELMO, Santo. Apud LIGÓRIO, Santo Afonso Maria de. *Glórias de Maria*: com indicação de leituras e orações para dois meses marianos. Santo Afonso Maria de Ligório; versão da 11ª edição italiana pelo Pe. Geraldo Pires de Sousa. 3ª ed. Aparecida, SP: Editora Santuário, 1989.

ANTÔNIO, Santo. Apud LIGÓRIO, Santo Afonso Maria de. *Glórias de Maria*: com indicação de leituras e orações para dois meses marianos. Santo Afonso Maria de Ligório; versão da 11ª edição italiana pelo Pe. Geraldo Pires de Sousa. 3ª ed. Aparecida, SP: Editora Santuário, 1989.

AQUINO, São Tomás de. *Opusc. De Dilect. Dei*, § 1. Apud LIGÓRIO, Santo Afonso Maria de. *A prática do amor a Jesus Cristo*, tradução Padre Gervásio Fábri do Anjos, C.Ss.R, 7ª edição. Aparecida, SP: Editora Santuário, 1996.

AREOPAGITA, Dionísio. De divinis nominibus, c. 4 § XIII. Mg 3-711. Apud LIGÓRIO, Santo Afonso Maria de. *A prática do amor a Jesus Cristo*, tradução Padre Gervásio Fábri do Anjos, C.Ss.R, 7ª edição. Aparecida, SP: Editora Santuário, 1996.

AREOPAGITA, Dionísio. *De eclesiástica hierarchia*, c. 3. MG 3-423. Apud LIGÓRIO, Santo Afonso Maria de. *A prática do amor a Jesus Cristo.* Santo Afonso Maria de Ligório; tradução Padre Gervásio Fabri dos Anjos, C.Ss.R., 7ª ed.Aparecida, SP: Editora Santuário, 1996.

ASSIS, São Francisco de. Apud LIGÓRIO, Santo Afonso Maria de. *A prática do amor a Jesus Cristo*, tradução Padre Gervásio Fábri do Anjos, C.Ss.R., 7ª ed. Aparecida, SP: Editora Santuário, 1996.

ÁVILA, São João. Apud LIGÓRIO, Santo Afonso Maria de. *A prática do amor a Jesus Cristo*, tradução Padre Gervásio Fábri do Anjos, C.Ss.R., 7ª ed. Aparecida, SP: Editora Santuário, 1996.

B. BERNARDINO DE BUSTI, Devoto. Apud LIGÓRIO, Santo Afonso Maria de. *Glórias de Maria*: com indicação de leituras e orações para dois meses marianos. Santo Afonso Maria de Ligório; versão da 11ª edição italiana pelo Pe. Geraldo Pires de Sousa. 3ª ed. Aparecida, SP: Editora Santuário, 1989.

BAUMAN, Zygmunt. *Modernidade Líquida.* Zygmunt Bauman; tradução, Plínio Dentzien. Rio de Janeiro: Jorge Zahar Ed., 2001.

BERCHMANS, São João. Apud LIGÓRIO, Santo Afonso Maria de. *Glórias de Maria*: com indicação de leituras e orações para dois meses marianos. Santo Afonso Maria de Ligório; versão da 11ª edição italiana pelo Pe. Geraldo Pires de Sousa. 3ª ed. Aparecida, SP: Editora Santuário, 1989.

BERLARMINO, São. Apud LIGÓRIO, Santo Afonso Maria de. *Glórias de Maria*: com indicação de leituras e orações para dois meses marianos. Santo Afonso Maria de Ligório; versão da 11ª edição italiana pelo Pe. Geraldo Pires de Sousa. 3ª ed. Aparecida, SP: Editora Santuário, 1989.

BERNARDO, São. Apud LIGÓRIO, Santo Afonso Maria de. *Glórias de Maria*: com indicação de leituras e orações para dois meses marianos. Santo Afonso Maria de Ligório; versão da 11ª edição italiana pelo Pe. Geraldo Pires de Sousa. 3ª ed. Aparecida, SP: Editora Santuário, 1989.

BERNARDO, São. *Sermo de excellentia SS. Sacramenti et dignitate sacerdotum*, n. 10. ML 184-987. Apud LIGÓRIO, Santo Afonso Maria de. *A prática do amor a Jesus Cristo*. Santo Afonso Maria de Ligório; tradução Padre Gervásio Fabri dos Anjos, C.Ss.R., 7ª ed. Aparecida, SP: Editora Santuário, 1996.

BERNARDO, São. *Tratatus de caritate*, c. 6, n. 29: ML 184-599. In *Cantica*, Sermo 64, nº 10: ML 183-1088. Apud LIGÓRIO, Santo Afonso Maria de. *A prática do amor a Jesus Cristo*, tradução Padre Gervásio Fábri do Anjos, C.Ss.R., 7ª ed. Aparecida, SP: Editora Santuário, 1996.

BEZERRA, Paulo. In: DOSTOIÉVSKI, Fiódor. *O Idiota*. Fiódor Dostoiésvski; tradução de Paulo Bezerra; desenhos de Oswaldo Goeldi. São Paulo: Ed. 34, 2002, p. 8, 11.

BÍBLIA SAGRADA. Edição Pastoral, Paulus, 1990.

BLÓSIO. Apud LIGÓRIO, Santo Afonso Maria de. *Glórias de Maria*: com indicação de leituras e orações para dois meses marianos. Santo Afonso Maria de Ligório; versão da 11ª edição italiana pelo Pe. Geraldo Pires de Sousa. 3ª ed. Aparecida, SP: Editora Santuário, 1989.

BOAVENTURA, São. Apud LIGÓRIO, Santo Afonso Maria de. *Glórias de Maria*: com indicação de leituras e orações para dois meses marianos. Santo Afonso Maria de Ligório; versão da 11ª edição italiana pelo Pe. Geraldo Pires de Sousa. 3ª ed. Aparecida, SP: Editora Santuário, 1989.

BOAVENTURA, São. Apud SOUSA, Padre Geraldo Pires, C.Ss.R. *Introdução que muito importa ler*. Apud LIGÓRIO, Santo Afonso Maria de. *Glórias de Maria*: com indicação de leituras e orações para dois meses marianos. Santo Afonso Maria de Ligório; versão da 11ª edição italiana pelo Pe. Geraldo Pires de Sousa. 3ª ed. Aparecida, SP: Editora Santuário, 1989.

BOAVENTURA, São. *De profectu Relig.*, entre as obras de S. Boaventura, Laugduni, 1668, vol. VII, p. 612. Apud LIGÓRIO, Santo Afonso Maria de. *A prática do amor a Jesus Cristo*. Santo Afonso Maria de Ligório; tradução Padre Gervásio Fabri dos Anjos, C.Ss.R., 7ª ed.Aparecida, SP: Editora Santuário, 1996.

BOAVENTURA, São. Legenda Sancti Francisci, c. 8, n. 6; c. 13, n. 3; c. 5, n. 8. Apud LIGÓRIO, Santo Afonso Maria de. *A prática do amor a Jesus Cristo*, tradução Padre Gervásio Fábri do Anjos, C.Ss.R., 7ª ed. Aparecida, SP: Editora Santuário, 1996.

BOAVENTURA, São. *Stimulus amoris*, p. 1, c. 1. Apud LIGÓRIO, Santo Afonso Maria de. *A prática do amor a Jesus Cristo*, tradução Padre Gervásio Fabri do Anjos, C.Ss.R., 7ª ed. Aparecida, SP: Editora Santuário, 1996.

BRÍGIDA, Santa. Apud LIGÓRIO, Santo Afonso Maria de. *Glórias de Maria*: com indicação de leituras e orações para dois meses marianos. Santo Afonso Maria de Ligório; versão da 11ª edição italiana pelo Pe. Geraldo Pires de Sousa. 3ª ed. Aparecida, SP: Editora Santuário, 1989.

BUTIS, São Bernardino de. *Rosarium sermonum per Quadragesiman*, p. 2, s. 15. Apud LIGÓRIO, Santo Afonso Maria de. *A prática do amor a Jesus Cristo*, tradução Padre Gervásio Fabri do Anjos, C.Ss.R., 7ª ed. Aparecida, SP: Editora Santuário, 1996.

CASTRO, Padre Flávio Cavalca de, C.Ss.R. *Afonso e a Paixão de Cristo*. Caderno de Espiritualidade Redentorista, 10, 1998.

CELES, Abade de. Apud LIGÓRIO, Santo Afonso Maria de. *Glórias de Maria*: com indicação de leituras e orações para dois meses marianos. Santo Afonso Maria de Ligório; versão da 11ª edição italiana pelo Pe. Geraldo Pires de Sousa. 3ª ed. Aparecida, SP: Editora Santuário, 1989.

CHARTRES, Haroldo de. Apud LIGÓRIO, Santo Afonso Maria de. *Glórias de Maria*: com indicação de leituras e orações para dois meses marianos. Santo Afonso Maria de Ligório; versão da 11ª edição italiana pelo Pe. Geraldo Pires de Sousa. 3ª ed. Aparecida, SP: Editora Santuário, 1989.

CONCÍLIO DE TRENTO, Sess. XIII, c. 2. Apud LIGÓRIO, Santo Afonso Maria de. *A prática do amor a Jesus Cristo*. Santo Afonso Maria de Ligório; tradução Padre Gervásio Fabri dos Anjos, C.Ss.R., 7ª ed. Aparecida, SP: Editora Santuário, 1996.

CORNÉLIO. Apud LIGÓRIO, Santo Afonso Maria de. *Glórias de Maria*: com indicação de leituras e orações para dois meses marianos. Santo Afonso Maria de Ligório; versão da 11ª edição italiana pelo Pe. Geraldo Pires de Sousa. 3ª ed. Aparecida, SP: Editora Santuário, 1989.

CORRIVEAU, Raymond, C.Ss.R. *Paixão de Cristo*. Apud WALES, Sean; BILLY, Dennis. *Dicionário de Espiritualidade Redentorista*, 1ª ed. Tradução, José Raimundo Vidigal. Goiânia: Scala Editora, 2012.

CRISÓSTOMO, São João. Apud LIGÓRIO, Santo Afonso Maria de. *A prática do amor a Jesus Cristo*. Santo Afonso Maria de Ligório; tradução Padre Gervásio Fabri dos Anjos, C.Ss.R., 7ª ed. Aparecida, SP: Editora Santuário, 1996.

CRISÓSTOMO, São João. Apud LIGÓRIO, Santo Afonso Maria de. *Glórias de Maria*: com indicação de leituras e orações para dois meses marianos. Santo Afonso Maria de Ligório; versão da 11ª edição italiana pelo Pe. Geraldo Pires de Sousa. 3ª ed. Aparecida, SP: Editora Santuário, 1989.

CRISÓSTOMO, São João. De Poenitentia, hom. 9: MG 499-345; In Ioannem, 46, n. 3: MG 59-260, 261. Apud LIGÓRIO, Santo Afonso Maria de. *A prática do amor a Jesus Cristo*. Santo Afonso Maria de Ligório; tradução Padre Gervásio Fabri dos Anjos, C.Ss.R., 7ª ed. Aparecida, SP: Editora Santuário, 1996.

CRISÓSTOMO, São João. Hom. 61 ad populum antiochenum. MG 59-260. Apud LIGÓRIO, Santo Afonso Maria de. *A prática do amor a Jesus Cristo*. Santo Afonso Maria de Ligório; tradução Padre Gervásio Fabri dos Anjos, C.Ss.R., 7ª ed. Aparecida, SP: Editora Santuário, 1996.

EFRÉM, Santo. Apud LIGÓRIO, Santo Afonso Maria de. *Glórias de Maria*: com indicação de leituras e orações para dois meses marianos. Santo Afonso Maria de Ligório; versão da 11ª edição italiana pelo Pe. Geraldo Pires de Sousa. 3ª ed. Aparecida, SP: Editora Santuário, 1989.

EPIFÂNIO, São. Apud LIGÓRIO, Santo Afonso Maria de. *Glórias de Maria*: com indicação de leituras e orações para dois meses marianos. Santo Afonso Maria de Ligório; versão da 11ª edição italiana pelo Pe. Geraldo Pires de Sousa. 3ª ed. Aparecida, SP: Editora Santuário, 1989.

ERNESTO. Arcebispo de Praga. Apud LIGÓRIO, Santo Afonso Maria de. *Glórias de Maria*: com indicação de leituras e orações para dois meses marianos. Santo Afonso Maria de Ligório; versão da 11ª edição italiana pelo Pe. Geraldo Pires de Sousa. 3ª ed. Aparecida, SP: Editora Santuário, 1989.

FERRER, São Vicente. O. P. Serm. *Aestivales, Venetiis*, 1573. In die Santo Paschae, sermo 2, fol. 7, a tergo. Apud LIGÓRIO, Santo Afonso Maria de. *A prática do amor a Jesus Cristo*. Santo Afonso Maria de Ligório; tradução Padre Gervásio Fabri dos Anjos, C.Ss.R., 7ª ed. Aparecida, SP: Editora Santuário, 1996.

GERMANO, São. Apud LIGÓRIO, Santo Afonso Maria de. *Glórias de Maria*: com indicação de leituras e orações para dois meses marianos. Santo Afonso Maria de Ligório; versão da 11ª edição italiana pelo Pe. Geraldo Pires de Sousa. 3ª ed. Aparecida, SP: Editora Santuário, 1989.

HONÓRIO, Santo anacoreta. Apud LIGÓRIO, Santo Afonso Maria de. *Glórias de Maria*: com indicação de leituras e orações para dois meses marianos. Santo Afonso Maria de Ligório; versão da 11ª edição italiana pelo Pe. Geraldo Pires de Sousa. 3ª ed. Aparecida, SP: Editora Santuário, 1989.

HUGO, Cardeal. Apud LIGÓRIO, Santo Afonso Maria de. *Glórias de Maria*: com indicação de leituras e orações para dois meses marianos. Santo Afonso Maria de Ligório; versão da 11ª edição italiana pelo Pe. Geraldo Pires de Sousa. 3ª ed. Aparecida, SP: Editora Santuário, 1989.

INOCÊNCIO III. Apud LIGÓRIO, Santo Afonso Maria de. *Glórias de Maria*: com indicação de leituras e orações para dois meses marianos. Santo Afonso Maria de Ligório; versão da 11ª edição italiana pelo Pe. Geraldo Pires de Sousa. 3ª ed. Aparecida, SP: Editora Santuário, 1989.

INOCÊNCIO III. *De sacro Altaris mysterio libri sex*, 1. 4. C. 44. ML 217-885. Apud LIGÓRIO, Santo Afonso Maria de. *A prática do amor a Jesus Cristo.* Santo Afonso Maria de Ligório; tradução Padre Gervásio Fabri dos Anjos, C.Ss.R., 7ª ed. Aparecida, SP: Editora Santuário, 1996.

JACOB, Monge. Apud LIGÓRIO, Santo Afonso Maria de. *Glórias de Maria*: com indicação de leituras e orações para dois meses marianos. Santo Afonso Maria de Ligório; versão da 11ª edição italiana pelo Pe. Geraldo Pires de Sousa. 3ª ed. Aparecida, SP: Editora Santuário, 1989.

JERÔNIMO, São. Apud LIGÓRIO, Santo Afonso Maria de. *Glórias de Maria*: com indicação de leituras e orações para dois meses marianos. Santo Afonso Maria de Ligório; versão da 11ª edição italiana pelo Pe. Geraldo Pires de Sousa. 3ª ed. Aparecida, SP: Editora Santuário, 1989.

JOÃO PAULO II, Papa São. Apud *Carta Encíclica Ecclesia de Eucharistia* do Santo Padre São João Paulo II sobre a Eucaristia na sua relação com a Igreja. São Paulo: Paulus, Edições Loyola, 2003.

JUSTINIANO, São Lourenço. Apud LIGÓRIO, Santo Afonso Maria de. *Glórias de Maria*: com indicação de leituras e orações para dois meses marianos. Santo Afonso Maria de Ligório; versão da 11ª edição italiana pelo Pe. Geraldo Pires de Sousa. 3ª ed. Aparecida, SP: Editora Santuário, 1989.

JUSTINIANO, São Lourenço. Sermo in Nativ. Domini, n. 4. Apud LIGÓRIO, Santo Afonso Maria de. *A prática do amor a Jesus Cristo*, tradução Padre Gervásio Fabri do Anjos, C.Ss.R., 7ª edição. Aparecida, SP: Editora Santuário, 1996.

KEMPIS, Tomás de. Apud LIGÓRIO, Santo Afonso Maria de. *Glórias de Maria*: com indicação de leituras e orações para dois meses marianos. Santo Afonso Maria de Ligório; versão da 11ª edição italiana pelo Pe. Geraldo Pires de Sousa. 3ª ed. Aparecida, SP: Editora Santuário, 1989.

KOTYNSKI, Marek, C.Ss.R. *Recolhimento.* In: WALES, Sean, C.Ss.R.; BILLY, Dennis, C.Ss.R. *Dicionário de Espiritualidade Redentorista.* 1ª ed. Tradução, José Raimundo Vidigal. Goiânia: Scala Editora, 2012.

LIGÓRIO, Santo Afonso Maria de. Santo Afonso Maria de Ligório. *A prática do amor a Jesus Cristo.* Santo Afonso Maria de Ligório; tradução Gervásio Fábri dos Anjos. 7ª ed. Aparecida, SP: Editora Santuário, 1996.

LIGÓRIO, Santo Afonso Maria de. Santo Afonso Maria de Ligório. *A prática do amor a Jesus Cristo.* Aparecida, SP: Editora Santuário, 1982. In SILVA, Padre José Ulysses da. *A Encarnação do Verbo em Santo Afonso.* Caderno Redentorista, 10. Espiritualidade Redentorista, 1998.

LIGÓRIO, Santo Afonso Maria de. Santo Afonso Maria de Ligório. Apud COLIN, Louis. *Alphonse de Liguori, Doctrine Spirituell 2, Essai d'analyse*, Paris, Ed. Salvador, 1971. In: In SILVA, Padre José Ulisses da. *A Encarnação do Verbo em Santo Afonso.* Caderno Redentorista, 10. Espiritualidade Redentorista, 1998.

LIGÓRIO, Santo Afonso Maria de. Santo Afonso Maria de Ligório. Apud SILVA, Padre José Ulysses da. In: *A Encarnação em Santo Afonso.* Caderno Redentorista, 10. Espiritualidade Redentorista, 1998.

LIGÓRIO, Santo Afonso Maria de. Santo Afonso Maria de Ligório. Apud VELOCCI, Giovanni. Sant'Alfonso de Liguori, un maestro de vita Cristiana. Milano, San Paolo, 1994. In: SILVA, Padre José Ulysses da. *A Encarnação do Verbo em Santo Afonso.* Caderno Redentorista, 10. Espiritualidade Redentorista, 1998.

LIGÓRIO, Santo Afonso Maria de. Santo Afonso Maria de Ligório. Apud Opere Ascetiche IV. *Incarnazione.* Rome, 1939. Obras Ascética de San Alfonso Maria de Ligori, vol. I, Madrid, BAC, 1952. In: SILVA, Padre José Ulysses da. *A Encarnação do Verbo em Santo Afonso.* Caderno Redentorista, 10. Espiritualidade Redentorista, 1998.

LIGÓRIO, Santo Afonso Maria de. Santo Afonso Maria de Ligório. Apud AVVIZI XIII. Apud SILVA, Padre José Ulysses da. In: *A Encarnação do Verbo em Santo Afonso.* Caderno Redentorista, 10. Espiritualidade Redentorista, 1998.

LIGÓRIO, Santo Afonso Maria de. *A prática do amor a Jesus Cristo*, tradução Padre Gervásio Fabri do Anjos, C.Ss.R., 7ª ed. Aparecida, SP: Editora Santuário, 1996.

LIGÓRIO, Santo Afonso Maria de. Apud CASTRO, Padre Flávio Cavalca de, C.Ss.R. *Afonso e a Paixão de Cristo*. Caderno de Espiritualidade Redentorista, 10, Espiritualidade Redentorista, 1998.

LIGÓRIO, Santo Afonso Maria de. Apud KOTYNSKI, Marek, C.Ss.R. *Recolhimento*. In: WALES, Sean, C.Ss.R.; BILLY, Dennis, C.Ss.R. *Dicionário de Espiritualidade Redentorista*. 1ª ed. Tradução, José Raimundo Vidigal. Goiânia: Scala Editora, 2012.

LIGÓRIO, Santo Afonso Maria de. *Considerações e Afetos sobre a Paixão de Jesus Cristo (1761)*. Apud CORRIVEAU, Raymond, C.Ss.R. *Paixão de Cristo*. Apud WALES, Sean; BILLY, Dennis. *Dicionário de Espiritualidade Redentorista*, 1ª ed. Tradução, José Raimundo Vidigal. Goiânia: Scala Editora, 2012.

LIGÓRIO, Santo Afonso Maria de. *Da Consagração do Santíssimo Redentor*. Apud LIGÓRIO, Santo Afonso Maria de. *Glórias de Maria*: com indicação de leituras e orações para dois meses marianos. Santo Afonso Maria de Ligório; versão da 11ª edição italiana pelo Pe. Geraldo Pires de Sousa. 3ª ed. Aparecida, SP: Editora Santuário, 1989.

LIGÓRIO, Santo Afonso Maria de. *Glórias de Maria*: com indicação de leituras e orações para dois meses marianos. Santo Afonso Maria de Ligório; versão da 11ª edição italiana pelo Pe. Geraldo Pires de Sousa. 3ª ed. Aparecida, SP: Editora Santuário, 1989.

LIGÓRIO, Santo Afonso Maria de. *L'amore dell'anime cioè Riflessioni ed affetti sulla passione di Gesù Cristo. Opere Ascetiche*, vol. V, Roma, 1934.

LIGÓRIO, Santo Afonso Maria de. *Lettere*, I, 253. Apud CHIOVARO, Francesco. *História da Congregação do Santíssimo Redentor: As Origens (1732-1739)*. Francesco Chiovaro, traduzido por Domingos Sávio, Luiz Gonzaga Scudeler, Clóvis Bovo, José Raimundo Vidigal. Aparecida, SP: Editora Santuário, 2019.

LIGÓRIO, Santo Afonso Maria de. *O Amor das Almas*. Apud CORRIVEAU, Raymond, C.Ss.R. *Paixão de Cristo*. Apud WALES, Sean; BILLY, Dennis. *Dicionário de Espiritualidade Redentorista*, 1ª edição. Tradução, José Raimundo Vidigal. Goiânia: Scala Editora, 2012.

LIGÓRIO, Santo Afonso Maria de. *Opere Ascetiche, IV*, 26. Apud CHIOVARO, Francesco. *História da Congregação do Santíssimo Redentor: As Origens (1732-1739)*. Francesco Chiovaro, traduzido por Domingos Sávio, Luiz Gonzaga Scudeler, Clóvis Bovo, José Raimundo Vidigal. Aparecida, SP: Editora Santuário, 2019.

LIGÓRIO, Santo Afonso Maria de. *Quindici Meditazioni Sulla Passione di Gesù Cristo*, meditação VIII, I. Dal farsi per 15 giorni cominciando dal sabato di passione sino ao sabato santo, Opere Ascetiche, vol. V, Roma, 1934. Apud CASTRO, Padre Flávio Cavalca de, C.Ss.R. *Afonso e a Paixão de Cristo*. Caderno de Espiritualidade Redentorista, 10, 1998. Apud CASTRO, Padre Flávio Cavalca de, C.Ss.R. *Afonso e a Paixão de Cristo*. Caderno de Espiritualidade Redentorista, 10, 1998.

LIGÓRIO, Santo Afonso Maria de. *Regula Grandi*, n. XII. Apud Founding Texts of Redemptorists Early Rules and Allied Documents. Edited, Introduced, and Annotated by Carl Hoegeri, C.Ss.R. Collegio Sant'Afonso, Rome, 1986.

LORCA, José Maria. José Maria Lorca. *Agradar a Deus. Os melhores textos espirituais de Santo Afonso*. Seleção e adaptação José Maria Lorca; tradução Elizabeth dos Santos Reis. Aparecida, SP: Editora Santuário, 1997.

LOURENÇO, Ricardo de São. Apud SOUSA, Padre Geraldo Pires, C.Ss.R. *Introdução que muito importa ler*. Apud LIGÓRIO, Santo Afonso Maria de. *Glórias de Maria*: com indicação de leituras e orações para dois meses marianos. Santo Afonso Maria de Ligório; versão da 11ª edição italiana pelo Pe. Geraldo Pires de Sousa. 3ª ed. Aparecida, SP: Editora Santuário, 1989.

MATILDE, Santa. *Sentimento de Sta. Matilde mencionados por Luis Blósio, Conclave anime fidelis*, p. c. 6, n. 6. Apud LIGÓRIO, Santo Afonso Maria de. *A prática do amor a Jesus Cristo*. Santo Afonso Maria de Ligório; tradução Padre Gervásio Fabri dos Anjos, C.Ss.R. 7ª ed. Aparecida, SP: Editora Santuário, 1996.

MISA Y OFIO ATROPELADOS, BAC II, 410. Apud PASCHOTTE, Padre Afonso, C.Ss.R. *Santo Afonso e a Eucaristia*. Caderno Redentorista, 10. Espiritualidade Redentorista, 1998.

MISSAL ROMANO. 2ª ed., São Paulo, 1991.

NÉRI, São Filipe. Apud LIGÓRIO, Santo Afonso Maria de. *A prática do amor a Jesus Cristo*. Santo Afonso Maria de Ligório; tradução Padre Gervásio Fabri dos Anjos, C.Ss.R., 7ª ed. Aparecida, SP: Editora Santuário, 1996.

NÉRI, São Filipe. Apud LIGÓRIO, Santo Afonso Maria de. *Glórias de Maria*: com indicação de leituras e orações para dois meses marianos. Santo Afonso Maria de Ligório; versão da 11ª edição italiana pelo Pe. Geraldo Pires de Sousa. 3ª ed. Aparecida, SP: Editora Santuário, 1989.

O DEUS REDENTOR, *questões escolhidas*. Documento da Comissão Teológica Internacional (Sedoc, vol. 29, n. 259, II, p. 334-383). Apud CASTRO, Padre Flávio Cavalca de, C.Ss.R. *Afonso e a Paixão de Cristo*. Caderno de Espiritualidade Redentorista, 10, 1998.

PACCIUCCHELLI. Apud LIGÓRIO, Santo Afonso Maria de. *Glórias de Maria*: com indicação de leituras e orações para dois meses marianos. Santo Afonso Maria de Ligório; versão da 11ª edição italiana pelo Pe. Geraldo Pires de Sousa. 3ª ed. Aparecida, SP: Editora Santuário, 1989.

PADIAL, Padre Manuel. Apud LIGÓRIO, Santo Afonso Maria de. *Glórias de Maria*: com indicação de leituras e orações para dois meses marianos. Santo Afonso Maria de Ligório; versão da 11ª edição italiana pelo Pe. Geraldo Pires de Sousa. 3ª ed. Aparecida, SP: Editora Santuário, 1989.

PAPA PAULO VI, São. *Marialis Cultus*, 1974, § 11. Apud JOHNSTONE, Brian, C.Ss.R. In: WALES, Sean; BILLY, Dennis. *Dicionário de Espiritualidade Redentorista*. 1ª ed. Tradução, José Raimundo Vidigal. Goiânia: Scala Editora, 2012.

PASCHOTTE, Padre Afonso, C.Ss.R. *Santo Afonso e a Eucaristia*. Caderno Redentorista, 10. Espiritualidade Redentorista, 1998.

PAZZI, Santa Maria Madalena de. Cit. *De Puccini*, vita, p. I, c. 11. Apud LIGÓRIO, Santo Afonso Maria de. *A prática do amor a Jesus Cristo*, tradução Padre Gervásio Fábri do Anjos, C.Ss.R., 7ª ed. Aparecida, SP: Editora Santuário, 1996.

ROBERTO, Abade. Apud LIGÓRIO, Santo Afonso Maria de. *Glórias de Maria*: com indicação de leituras e orações para dois meses marianos. Santo Afonso Maria de Ligório; versão da 11ª edição italiana pelo Pe. Geraldo Pires de Sousa. 3ª ed. Aparecida, SP: Editora Santuário, 1989.

SALES, São Francisco de. Apud LIGÓRIO, Santo Afonso Maria de. *A prática do amor a Jesus Cristo*, tradução Padre Gervásio Fábri do Anjos, C.Ss.R., 7ª edição. Aparecida, SP: Editora Santuário, 1996.

SALES, São Francisco de. *Gallizia, Vita*, 1.6, c. 2: *Massime e detti spiritual, Massime pergli ecclesiastici*, n.° 5. Apud LIGÓRIO, Santo Afonso Maria de. *A prática do amor a Jesus Cristo*, tradução Padre Gervásio Fábri do Anjos, C.Ss.R., 7ª edição. Aparecida, SP: Editora Santuário, 1996.

SALES, São Francisco de. *Introdução à vida devota*, p. 2. c. 21. Apud LIGÓRIO, Santo Afonso Maria de. *A prática do amor a Jesus Cristo*. Santo Afonso Maria de Ligório; tradução Padre Gervásio Fabri dos Anjos, C.Ss.R., 7ª ed. Aparecida, SP: Editora Santuário, 1996.

SANTO, POETA E MÚSICO: Afonso Maria de Ligório. *"Tendo Amado os Seus... Amou-os até o fim"*. CERESP. Centro Redentorista de Espiritualidade. 1ª ed. Aparecida: Editora Santuário, 2014.

SÃO LOURENÇO, Ricardo de. Apud LIGÓRIO, Santo Afonso Maria de. *Glórias de Maria*: com indicação de leituras e orações para dois meses marianos. Santo Afonso Maria de Ligório; versão da 11ª edição italiana pelo Pe. Geraldo Pires de Sousa. 3ª ed. Aparecida, SP: Editora Santuário, 1989.

SAXÔNIA, Conrado de. Apud LIGÓRIO, Santo Afonso Maria de. *Glórias de Maria*: com indicação de leituras e orações para dois meses marianos. Santo Afonso Maria de Ligório; versão da 11ª edição italiana pelo Pe. Geraldo Pires de Sousa. 3ª ed. Aparecida, SP: Editora Santuário, 1989.

SELEUCIA, Basílio de. Apud LIGÓRIO, Santo Afonso Maria de. *Glórias de Maria*: com indicação de leituras e orações para dois meses marianos. Santo Afonso Maria de Ligório; versão da 11ª edição italiana pelo Pe. Geraldo Pires de Sousa. 3ª ed. Aparecida, SP: Editora Santuário, 1989.

SENA, Santa Catarina de. Apud LIGÓRIO, Santo Afonso Maria de. *Glórias de Maria*: com indicação de leituras e orações para dois meses marianos. Santo Afonso Maria de Ligório; versão da 11ª edição italiana pelo Pe. Geraldo Pires de Sousa. 3ª ed. Aparecida, SP: Editora Santuário, 1989.

SENA, São Bernardino de. Obra citada, sermo 54, a. 4, c. 1. Apud LIGÓRIO, Santo Afonso Maria de. *A prática do amor a Jesus Cristo*. Santo Afonso Maria de Ligório; tradução Padre Gervásio Fabri dos Anjos, C.Ss.R., 7ª ed. Aparecida, SP: Editora Santuário, 1996.

SOUSA, Padre Geraldo Pires, C.Ss.R. *Advertência ao leitor*. Apud LIGÓRIO, Santo Afonso Maria de. *Glórias de Maria*: com indicação de leituras e orações para dois meses marianos. Santo Afonso Maria de Ligório; versão da 11ª edição italiana pelo Pe. Geraldo Pires de Sousa. 3ª ed. Aparecida, SP: Editora Santuário, 1989.

SUÁREZ, Padre. Apud LIGÓRIO, Santo Afonso Maria de. *Glórias de Maria*: com indicação de leituras e orações para dois meses marianos. Santo Afonso Maria de Ligório; versão da 11ª edição italiana pelo Pe. Geraldo Pires de Sousa. 3ª ed. Aparecida, SP: Editora Santuário, 1989.

TANNOIA, Antônio Maria. Apud REY-MERMET, Theodule. *O Fundador*. In: CHIOVARO, Francesco. *História da Congregação do Santíssimo Redentor: As Origens (1732-1739)*. Francesco Chiovaro, traduzido por Domingos Sávio, Luiz Gonzaga Scudeler, Clóvis Bovo, José Raimundo Vidigal. Aparecida, SP: Editora Santuário, 2019.

TERESA D'ÁVILA, Santa. Apud KOTYNSKI, Marek, C.Ss.R. *Recolhimento*. In: WALES, Sean, C.Ss.R.; BILLY, Dennis, C.Ss.R. *Dicionário de Espiritualidade Redentorista*. 1ª ed. Tradução, José Raimundo Vidigal. Goiânia: Scala Editora, 2012.

THAULER, J., *O.P., Epistola 20: Sermões de Festis, Institutiones, cum Epistolis alíquota*. Apud LIGÓRIO, Santo Afonso Maria de. *A prática do amor a Jesus Cristo*, tradução Padre Gervásio Fábri do Anjos, C.Ss.R., 7ª ed. Aparecida, SP: Editora Santuário, 1996.

TIEPOLO, Le considerazioni della Passione di N.S. Gesù Cristo, t. 10, 37. Apud LIGÓRIO, Santo Afonso Maria de. *A prática do amor a Jesus Cristo*, tradução Padre Gervásio Fábri do Anjos, C.Ss.R., 7ª ed. Aparecida, SP: Editora Santuário, 1996.

VILANOVA, São Tomás de. Apud LIGÓRIO, Santo Afonso Maria de. *Glórias de Maria*: com indicação de leituras e orações para dois meses marianos. Santo Afonso Maria de Ligório; versão da 11ª edição italiana pelo Pe. Geraldo Pires de Sousa. 3ª ed. Aparecida, SP: Editora Santuário, 1989.

ÍNDICE